AF318803

LE
COMMERCE DES GRAINS
ET L'ÉCOLE PHYSIOCRATIQUE

« Nec rationem patitur, nec æquitate mitigatur,
« nec prece flectitur populus esuriens. »

THÈSE POUR LE DOCTORAT

L'ACTE PUBLIC SUR LES MATIÈRES CI-APRÈS
Sera soutenu le Jeudi 29 Mars 1900, à 2 heures 1/2

PAR

HENRi CURMOND

Président : M. DESCHAMPS.
Suffragants : { MM. JAY.
             GIDE, } *Professeurs.*

PARIS
LIBRAIRIE NOUVELLE DE DROIT ET DE JURISPRUDENCE
ARTHUR ROUSSEAU, ÉDITEUR
14, RUE SOUFFLOT ET RUE TOULLIER, 13
1900

THÈSE

POUR LE DOCTORAT

UNIVERSITÉ DE PARIS. — FACULTÉ DE DROIT

LE
COMMERCE DES GRAINS

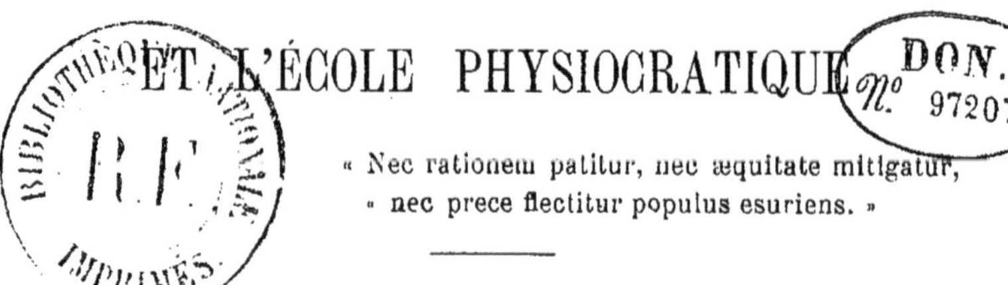

ET L'ÉCOLE PHYSIOCRATIQUE

« Nec rationem patitur, nec æquitate mitigatur,
« nec prece flectitur populus esuriens. »

THÈSE POUR LE DOCTORAT

L'ACTE PUBLIC SUR LES MATIÈRES CI-APRÈS

Sera soutenu le Jeudi 29 Mars 1900, à 2 heures 1/2

PAR

Henri CURMOND

Président : M. DESCHAMPS.

Suffragants : MM. JAY, GIDE, *Professeurs.*

PARIS

LIBRAIRIE NOUVELLE DE DROIT ET DE JURISPRUDENCE

ARTHUR ROUSSEAU, ÉDITEUR

14, RUE SOUFFLOT ET RUE TOULLIER, 13

1900

INTRODUCTION

« Nec rationem patitur, nec æquitate mitigatur, nec prece flectitur populus usuriens », dit un auteur latin, et à l'époque contemporaine, Lamartine écrivait : « La disette des subsistances est à elle seule une éternelle sédition qui ferme l'oreille du peuple à toute sagesse, et qui donne, à toute heure, tous les citoyens pour complices à toutes les factions. » Cette concordance de deux témoignages donnés à des siècles de distance, et auxquels nous pourrions en joindre des milliers d'autres dans le même sens, nous montre quel danger la disette présente dans tous les temps, et explique par là même les soucis continuels causés aux gouvernements par la question de l'alimentation de leurs sujets. A leur défaut, d'ailleurs, l'histoire serait là pour nous montrer la « faim du peuple » comme un puissant facteur des mouvements populaires, une des causes les plus actives des révolutions. Ce sont les cris de leurs estomacs affamés, qui donnaient aux esclaves de l'antiquité le courage de se soulever contre la puissance du maître dont ils supportaient sans murmures les injures et les mauvais traitements ; et le peuple romain, ce « roi du monde », était toujours disposé à applaudir les caprices et les infamies du tyran qui lui assurait du pain et des jeux de cirque.

Il paraît que la disette de 1095 ne fut pas étrangère au

succès de la première croisade. La révolte des barons
anglais de 1258, qui eut une influence si décisive sur la
constitution anglaise, fut favorisée par la disette de 1257-58 ;
et la Révolution de 1650 a été précédée d'une grande hausse
des blés (1).

Plus près de nous et dans notre pays, l'histoire nous
fait voir la question des subsistances préparant de longue
date les esprits à la Révolution de 1789, et produisant les
premières émeutes. Un siècle et demi de misère avait
poussé le peuple à écouter les excitations des mécontents :
la disette de 1789 porta le dernier coup, et pour détruire
le respect séculaire de la royauté et du principe monar-
chique déjà fortement ébranlé, il suffit de la légende habilement exploitée du pacte de famine. C'est la question du
commerce des grains qui amène les premiers troubles
dans le peuple. On connaît la manifestation des femmes
de Paris qui se présenta au roi à Versailles le 5 octobre.
Elle eut lieu parce que le pain manquait dans la capitale.
Affamé, le peuple se soulève. « Le gouvernement lui a
laissé croire qu'il saurait le nourrir, c'est au roi qu'il va
demander du pain. Courage, amis, nous ne manquerons
plus de pain, nous vous amenons le boulanger, la bou-
langère et le petit mitron, criaient joyeusement les femmes
qui escortaient le roi et sa famille sur la route de
Paris (2) ». Le 28 octobre eut lieu le meurtre du boulanger François. C'est encore par la question des vivres
que fut provoquée la première effusion de sang.

____

(1) Roscher. — *Du commerce des grains et des mesures à prendre
en cas de cherté,* traduit de l'allemand par Maurice Block, p. **78**.

(2) Afanassiev. — *Histoire du commerce des grains avant les
physiocrates,* p. **529-530**.

L'importance du besoin qu'elles sont destinées à satisfaire, besoin capital au premier chef puisqu'il s'agit de la
vie des individus, nous explique ce rôle politique des questions d'alimentation. Le manque des subsistances, ou, ce
qui revient au même et en est une conséquence, leur trop
grande cherté, expose une partie de la population à mourir de faim; on comprend qu'avant d'en arriver à cette
extrémité les intéressés fassent tout pour y échapper. De
plus, la cherté des vivres amène fatalement avec elle la
diminution des salaires, ce qui hâte la famine et l'augmente
car l'individu se trouve, dans le moment où il a le moins
de ressources, obligé de payer plus cher une chose dont
il ne peut se passer.

Si l'on réfléchit que moins un individu est riche plus
la partie de ses revenus employée à l'achat de subsistances
est grande, on verra le grand danger politique des disettes
que nous résumerons dans cette phrase de Chaumette
(proclamation du 14 octobre 1793) : « Quand le peuple
n'aura plus rien à manger, il mangera le riche. »

Par elle-même la cherté n'occasionne que des émeutes
locales, mais ce qui existait de matière inflammable, dit
Roscher (1), devient prêt à prendre feu, les projets révo-
lutionnaires trouvent de nombreux partisans, et nous
avons vu que les plus grandes révolutions ont été prépa-
rées par les disettes.

On comprend dès lors quelle importance présentent les
questions qui touchent aux denrées, et tout particulièrement celle du commerce des grains. Les céréales tiennent
la première place dans l'alimentation d'un grand nombre
de peuples, aussi de tout temps le problème de leur pro-

____

(1) Roscher. — Ouvrage cité, p. 76.

duction et de leur consommation a été à l'ordre du jour.
Des politiques bien différentes ont été suivies en ce qui
les concerne. Le système réglementaire le plus strict a
prévalu pendant longtemps ; c'est seulement dans la se-
conde moitié du XVIII\ :superscript:e siècle, sous l'influence des physiocrates, que la liberté du commerce des grains recevra en
France les premières applications sérieuses.

PREMIÈRE PARTIE

ÉTUDES PRÉLIMINAIRES

———

Histoire du commerce des Grains avant les physiocrates

Dès la plus haute antiquité la *Grèce* s'occupa des questions d'approvisionnement. La production en céréales indigènes n'était pas suffisante pour nourrir la population très dense de ces contrées. Athènes, la principale ville commerciale, consommait sous Démosthènes 3 millions de médimnes de blé dont 800.000 étaient importés par mer. Aucun État, disait Démosthènes, n'a une aussi forte importation (1). D'après les lois de Solon chaque citoyen devait à la fin de l'année, ou quand il en était requis, rendre compte des moyens qu'il employait pour se procurer sa subsistance. D'après la même loi, et pour tenir les denrées de première nécessité à bas prix, l'archonte polémarque publiait tous les ans une défense d'exporter de l'Attique les produits du sol, l'huile d'olive exceptée (2).

(1) Démosthènes. — *Pro corona*, § 108. *Leptin.* § 36. Cité par Roscher.

(2) V. Duruy. — *Histoire des Grecs*, 1, 188.

L'*Italie* au début avait une production suffisante pour sa consommation, mais quelques famines étant survenues à Rome on prit des mesures pour en prevenir le retour. Le soin de l'approvisionnement de la capitale fut· confié à une administration spéciale, l'annone, association de chevaliers Romains s'occupant sous les ordres du prefectus annonae (1) de l'achat et de l'importation des blés.

En 629 de Rome (123 av. J.-C.) Caïus Gracchus obtint une loi sur les céréales (lex frumentaria) « pour faire distribuer aux pauvres citoyens, du blé presque gratuitement, c'est-à-dire à raison de 5 sixièmes d'as le modius pesant 13 1/2 de nos livres » (2). Les prix ordinaires étaient du double. Malgré les nombreuses critiques adressées à cette loi, notamment par Cicéron, Salluste, Jules César, Auguste, elle subsista jusqu'à la chute de l'empire Romain. Grâce à elle, dit Dureau de la Malle, 320.000 citoyens recevaient du blé gratis, « qu'on y joigne les femmes et les enfants en multipliant ce chiffre par 3 seulement à cause du grand nombre des célibataires, on trouve 960.000 oisifs consommant et ne produisant pas » (3). César réduisit le nombre des bénéficiaires de la loi de Caïus Gracchus à 150.000, mais cette mesure ne put être maintenue.

Comment se procurait-on les subsistances? Chaque province à blé fournissait son contingent. Une dîme de 3.000.000 de modii était prélevée en Sicile, et les terres ne payant

---

(1) Il avait été institué par un plébiscite de 440 av. J.-C.

(2) Dureau de la Malle. — *Economie politique des Romains*, 1, p. 307.

(3) *Ibid.*, p. 222.

pas la dîme devaient conduire à Rome 800.000 modii et les y vendre 4 sesterces chaque.

Ce système fut bientôt funeste à l'agriculture. Le bas prix des blés força le cultivateur à modifier son exploitation. La petite culture cède la place aux grandes exploitations, c'est-à-dire aux vignobles, aux champs d'oliviers, aux pâturages, à tous ces grands domaines qui, suivant le mot de Pline l'Ancien, ruinèrent le pays « latifundia perdidere Italiam » et l'Italie, que Pline nous représente comme pouvant largement nourrir sa population au début de la République sans le secours des provinces, n'avait plus au commencement de l'empire de population agricole.

Les suites inévitables de ce système ne tardèrent pas à se faire sentir. Les famines se multiplièrent en Italie, les denrées de consommation augmentèrent de prix, et les empereurs furent obligés de fixer un maximum pour la vente du blé.

Un édit du dix-huitième consulat de Dioclétien (301 après J. C.), constate le « goût effréné du gain et les accaparements » qui maintiennent les denrées à des prix exorbitants, aussi dit-il : « Nous avons cru devoir fixer pour tout notre empire des prix modérés qui dans les années de cherté puissent contenir l'avarice dans de justes bornes » (1). Ces considérations sont à signaler, car nous les verrons reproduire en France par les partisans de la réglementation. Les lois du maximum, décourageant

____

(1) Dureau de la Malle. — Ouv. cité, p. 111-112. Citant de Foscolombe : *Mémoire sur le préambule d'un édit de l'empereur Dioclétien, relatif au prix des denrées*, Paris, 1829, in-8.

commerçants et producteurs, ne firent qu'augmenter la misère.

Après la chute de l'empire Romain, l'Europe fut morcelée en petits États dont les souverains réglaient à leur gré et au mieux de leurs intérêts les transactions commerciales.

En *France*, les baillis et sénéchaux s'étaient anciennement arrogé le droit de défendre ou de permettre la traite des grains ou autres marchandises hors du royaume, et de n'en accorder le commerce qu'à certains privilégiés. Ceux-ci, abusant de leurs avantages, furent promptement odieux au peuple, qui les qualifie des noms les plus injurieux. Cette haine durera jusqu'à l'application de la complète liberté, à qui même elle fera obstacle au début.

Il est fait mention du commerce des grains dans les capitulaires de Charlemagne ; on défend l'exportation, et on taxe le prix du pain et du froment (1). Louis le Débonnaire fait de même en 819 (2).

Avec la féodalité les seigneurs, devenus propriétaires du fief dont ils n'étaient avant que les magistrats militaires ou civils, prirent le droit d'ordonner selon leur libre volonté et chacun chez eux pour ce qui touchait le commerce des grains. Mais lorsque avec l'affaiblissement de la féodalité les rois reprirent le dessus, ils s'efforcèrent d'arracher à leur profit le droit de réglementer cette question.

Une ordonnance de saint Louis de 1254 (3), renouvelée en 1256, est dite : « pour réformer les abus du commerce

(1) *Capitulaires de Charlemagne*, t. 1, col. 424. Édition de Baluze.
(2) *Ibid.*, col. 617 et 788.
(3) *Recueil des ordon.* Imp. roy., t. I, p. 84, art. 24.

des blés ». « Nous défendrons, y est-il dit, que nuls de
« nos officiaux ne fassent deffenses de porter vin, ne
« bled, ne autres marchandises par notre royaume, ne
« hors de notre royaume, sans cause nécessaire. » Elle
ne défend même pas d'en porter aux Sarrazins pendant
les trèves, et dit que tant que des défenses subsisteront,
on n'en exemptera personne par grâce ou faveur. Mais les
municipalités et les parlements continuèrent jusqu'à la fin
de l'ancien régime à intervenir dans le commerce des
grains pour gêner le pouvoir royal. C'est ce qui explique
l'état précaire de l'approvisionnement pendant toute cette
période.

Une disette étant survenue en 1304, Philippe le Bel ordonne le recensement des grains, et établit une taxe fixant
à 20 sous le prix maximum du setier (1), mais le mal n'ayant
fait qu'accroître l'ordonnance dût être révoquée. Par une
ordonnance du 13 décembre 1324 Charles IV autorise la
traite des grains. « Quiconque voudra par terre et par
« yaüe douce, pourra traire hors du royaume, toutes les
« fois et quantes que il lui plaira, vivres et marchandises
« sur ce que pour cause des deffenses de traire et mener
« bleds, vins... hors du royaume ils avaient moult grands
« deffauts et nécessités de vivres et de marchandises » (2).

L'ordonnance de 1398, année de disette, défend l'exportation, sauf pour le Languedoc qui a une récolte abondante et est dispensé de la règle générale par une lettre
du 27 septembre de la même année.

Le système réglementaire se perfectionne, on interdit
l'achat hors du marché et on défend aux marchands de re-

______

(1) Il s'agit du setier de Paris pesant 240 livres. C'est d'après lui
que sont faits nos calculs.

(2) *Rec. des ordon.*, t. II, p. 148.

vendre à un autre marchand. Des fixations de maximum
sont établies en 1418 et 1430. L'ordonnance du 2 octobre 1531, dont les considérants sont significatifs, renou-
velle toutes les mesures prohibitives, ce qui ne fait qu'accroître la disette et la cherté. Par l'édit du 8 mars 1539,
(édit de Villers-Cotteret) François I⁰ʳ permet l'exportation
des grains moyennant payement d'un droit de sortie, mais
ce droit acquitté, le commerçant doit être entièrement
libre ; et pour empêcher les inconvénients qui n'auraient
pas manqué de se produire si chaque officier de police
avait voulu interpréter à sa guise cet édit, le roi écrivait
dans ses lettres du 20 juin 1539 : « Qu'il est et sera loi-
« sible et permis à toutes personnes nos sujets, de quelque
« qualité qu'ils soient, tirer et enlever, mener et ramener
« en et au delà de notre royaume... leurs bleds, froments,
« seigles... et autres grains... et vivres à eux appartenans
« à cause de leurs terres, seigneuries, bénéfices, ou par
« achat et autrement... iceux vendre, revendre et autre-
« ment en user... tout ainsi que bon leur semblera en
« payant les droits, sans qu'on les puisse en empêcher,
« ne qu'il leur soit besoin en avoir ne recouvrer des gou-
« verneurs... aucune lettre de traitte, congé, ni permis-
« sion » (1). Ces mesures ne reçurent jamais d'application.

Un règlement général de Charles IX du 15 février 1567,
inspiré par le chancelier de l'Hospital, dit que « le commerce des grains et transport d'iceux de province à province du royaume, seront libres à un chacun » mais il défend le commerce extérieur. Le roi se réserve formelle-
ment le droit d'accorder des permissions d'exportation

______

(1) Cité par Herbert. — *Traité de la police générale des grains.*
p. 89-90.

« cette faculté est déclarée du domaine de la couronne et incommunicable à qui que ce soit ».

Ces mesures sont renouvelées par les édits de 1571 et 1577 (21 novembre), mais la liberté est singulièrement restreinte. Défense de vendre des grains est faite aux laboureurs, personnes nobles, officiers du roi et des villes. Ceux à qui ce commerce est permis sont obligés de se faire inscrire aux greffes royaux de leur domicile, sous peine d'amende et de confiscation des grains.

Sous l'inspiration de Sully, Henry IV autorise en 1598 l'exportation des grains. L'ordonnance de janvier 1629 (Code Michaud) reprend les réglementations et mesures vexatoires établissant : la déclaration des commerçants, obligation de vendre au marché et en personne, défense de remporter les grains du marché, défense d'augmenter le prix demandé une première fois, et obligation de vendre après trois marchés consécutifs, défense d'acheter le blé en vert ou d'arrher avant la récolte, limitation de zones d'achat. Ces mesures produisirent des effets désastreux. Le cultivateur découragé et ruiné dût restreindre sa production, aussi à l'arrivée de Colbert aux affaires deux mauvaises récoltes de 1661 et 1663 amènent la famine. Le Parlement interdit sous des peines les plus sévères les coalitions ou associations pour l'achat et la vente des blés. Pour empêcher le retour de pareils malheurs, Colbert fit décider dès 1663 que l'exportation ne serait permise que moyennant payement d'un droit désigné annuellement par le gouvernement d'après l'abondance de la récolte et les ressources alimentaires du pays. C'est le fameux système de l'échelle mobile qui sera repris en France plusieurs fois. Il disparut avec Colbert ; la misère n'en continue pas moins.

En 1692-93, année de famine, le contrôleur général des finances Pontchartrain fixe un maximum du prix des denrées, ce qui fit déserter encore plus le marché. Des mesures violentes sont prises ; on nomme des commissions chargées de faire des visites domiciliaires, on oblige ceux qui ont du blé à le porter au marché et à le vendre au prix taxé ; le cultivateur est forcé d'ensemencer. Nouvelle famine en 1699 accompagnée de nouvelles mesures vexatoires contre lesquelles protestèrent, inutilement d'ailleurs, Vauban et Boisguilbert. Ce système de plus en plus strict prévaudra pendant toute la première moitié du XVIIIe siècle, causant des famines terribles, notamment celles de 1709 et de 1740.

Concluons sur cette rapide esquisse de la législation du commerce des grains en France. Jusqu'au milieu du XVIIIe siècle, nous ne trouvons aucune mesure réglementant l'importation, car la seule préoccupation du gouvernement a été d'obtenir le pain à bon marché. En revanche et c'était une conséquence de cette préoccupation, le commerce extérieur est presque continuellement interdit, et le commerce intérieur est soumis aux règlements les plus étroits. Quelques tentatives, bien timides d'ailleurs, ont été faites vers la liberté, mais elles n'eurent pour ainsi dire pas d'application par suite du mauvais vouloir des autorités chargées de les faire exécuter et des gènes qui restaient maintenues. Le commerce privé peu confiant dans la sincérité de ces essais qu'il craint à tout moment de voir rapporter n'osait s'organiser.

Les mauvais résultats obtenus auraient dû montrer qu'on avait fait fausse route dans la recherche du but désiré. Comment ne s'était-on pas aperçu qu'il ne suffisait pas pour assurer l'abondance des subsistances de leur

empêcher de sortir du royaume si la production était
découragée. La prohibition retient la denrée sur place
mais n'en augmente pas la quantité. C'est justement cette
quantité qui faisait de plus en plus défaut. Comment
aurait-il pu en être autrement? Par suite du manque total
de commerce le cultivateur ne trouvait aucun débouché à
ses produits et ne pouvait rentrer dans ses déboursés. Une
récolte abondante lui était plus nuisible qu'une faible parce
que les prix étaient plus bas, la quantité vendue restant
la même (1). Il avait il est vrai un superflu assez considérable, mais dont il ne tirait aucun profit faute de pouvoir aller le vendre ailleurs, et qu'il ne lui était permis de
garder sans risquer de passer pour un monopoleur.

Aussi la culture était-elle fort négligée, on ne travail-
lait que les terres dont le rendement était le plus fort, et
le nombre des fonds laissés en friche augmentait tous les
ans. Les plus grandes disettes ont toujours suivi immédiatement les années les plus abondantes, cela aurait dû
donner l'éveil au législateur et lui montrer que tout le
mal était causé par le défaut de prix rémunérateur.

Limitant la question au point de vue de la justice seule,
celui qui faisait venir le blé n'avait-il pas autant le
droit de vivre que celui qui mangeait le pain ? Ce que les
gouvernements n'avaient jamais voulu entendre, quelques
esprits éclairés et charitables s'en étaient rendu compte
sans parvenir à faire triompher leurs idées. C'est aux
Physiocrates que devait revenir l'honneur de ces réformes. Le producteur jusque-là complètement sacrifié
allait enfin rentrer en scène et réclamer sa part de bonheur
et de protection.

(1) Pour la justification de cette assertion, v. *infra*, IIIe partie, les
tableaux sur la productivité agricole avec et sans liberté commerciale.

Les prédécesseurs des Physiocrates

L'exposé que nous venons de faire de la législation du commerce des grains nous montre dans quel oubli on avait tenu continuellement l'agriculture. Quelques hommes cependant, plus clairvoyants que leurs contemporains, avaient vu l'erreur commise et tenté d'intéresser le pouvoir royal à la cause agricole. Leurs essais, sauf pour Sully, furent complètement infructueux et attirèrent sur leurs auteurs la colère du souverain. Quoi qu'il en soit, ils n'en restent pas moins les prédécesseurs des Physiocrates, et c'est à ce titre que nous croyons devoir dire quelques mots sur eux avant d'étudier la doctrine des « Économistes ».

Le premier dans l'ordre chronologique et aussi par l'importance que lui donnent les Physiocrates est *Sully*. Ils l'ont pris pour patron et en font constamment le plus pompeux éloge. Leur enthousiasme à son égard est exagéré comme d'ailleurs le sont, mais en sens contraire, leurs critiques de Colbert.

Dans ses *Économies royales*, Sully nous montre l'affreuse détresse du royaume à l'avènement d'Henri IV. Désarroi des finances pillées par une fourmilière de courtisans, désordre dans la perception et dans la dépense, ce qui favorisait les rapines et concussions des fonctionnaires. Le pays épuisé par les guerres de religion et les exactions des soudards est accablé de lourds impôts. L'insécurité des routes empêche tout commerce.

Le préambule de l'édit du 15 mars 1595 confirme ces déclarations. « Nous voyons, y est-il dit, nos sujets réduits et proches de tomber en une imminente ruine pour la cessation du labour presque générale en notre royaume... Les vexations auxquelles ont été en butte les laboureurs leur ont fait quitter et abandonner non seulement leur labour et vacation ordinaire mais aussi leurs maisons, se trouvant maintenant les fermes, censes, et quasi tous les villages, inhabités et déserts. »

Le même édit affirme bien l'importance de l'agriculture, « le plus grand et légitime gain et revenu des peuples procède principalement du labour et culture de la terre ». Aussi c'est vers elle que Sully porta toute sa sollicitude pour empêcher qu'on ne fît « aucune vexation au peuple de la campagne, duquel vous aviez un soin merveilleux, disant souvent au roi que labourage et pastourage étaient les deux mamelles dont la France était alimentée, et les vraies mines et trésors du Pérou » (1).

Pour tout ce qui touche à l'agriculture Sully prend l'initiative des réformes, alors qu'il a besoin d'être stimulé par le roi pour ce qui concerne l'industrie. L'édit de 1595 inaugure les mesures de protection agricole. Il modère les poursuites des agents royaux contre les agriculteurs et défend la saisie de leurs instruments de travail. Le même édit autorise le libre transport du blé d'une province à une autre et s'oppose à l'arbitraire des gouverneurs qui s'arrogeaient le droit d'en réglementer le commerce.

En 1598, la libre exportation des grains est accordée

(1) Sully. — *Economies royales*. Chailley, p. 96.

sous deux restrictions toutefois ; en cas de guerre, où le
blé devenait une contrebande de guerre et celui de famine
à l'intérieur. Sully veille à ce que cette liberté soit respectée. Le juge de Saumur ayant voulu interdire l'exportation, Sully casse le jugement et écrit au roi : « Si
chaque officier en faisait autant, votre peuple serait
bientôt sans argent, et par conséquent Votre Majesté » (1).
En même temps, et pour faciliter le commerce, il apporte
tous ses soins à l'amélioration de la circulation.

Un passage des *Économies royales* (2) nous montre
quel cas on faisait à cette époque du commerce des blés.
En 1604, le roi conclut avec l'Espagne un traité accordant
aux deux nations liberté réciproque du commerce.
Henri IV écrit à Sully qu'il faut attendre pour publier ce
traité la ratification du roi d'Espagne. Mais comme le
peuple attend avec impatience la liberté du commerce des
blés, on lui fera savoir au plus tôt que « de cette heure
la permission par moy leur est accordée pour le transport
des dits blés sans les abstraindre à prendre aucuns passe-
ports, ny autres sûretés que cette déclaration que vous
leur ferez de ma volonté, leur ordonnant néanmoins de
différer le transport des autres denrées jusques après que
la dite publication aura été faite. »

C'est la première tentative sérieuse que nous trouvons
vers la liberté, mais elle n'est pas aussi complète que les
Physiocrates ont voulu le dire. Malgré les termes de l'édit
que nous avons cité, il subsistait encore des entraves au
commerce, notamment en ce qui concerne les commerçants (limitation des personnes, déclarations exigées) de

(1) *Econ. roy.*, p. 126.
(2) *Ibid.*, p. 135.

nombreux droits étaient perçus sur la circulation. Puis la
liberté elle-même est fort restreinte en dehors du commerce des grains. Sous l'influence des frères Laffemas,
on s'occupe de protéger les manufactures. C'est la politique mercantile qui règne ici. Défenses d'exporter les
matières premières, gènes à l'importation des produits des
manufactures étrangères concurrentes des nôtres. Sous
prétexte de protéger l'industrie, on la réglemente.
Henri IV, par l'ordonnance d'avril 1597 renouvelant celle
de 1581 restée sans effet, constitue en communauté des
professions auparavant libres dans des villes où ce régime
existait déjà, et introduit le régime corporatif dans des
villes non jurées jusque-là (1).

Quoi qu'il en soit, deux choses sont à retenir en ce
qui concerne Sully et le règne d'Henri IV : prépondérance qu'on donne à l'agriculture, encouragements ac-
cordés à celle-ci par la liberté du commerce des grains.
Les résultats furent d'ailleurs fort heureux. A la fin du
règne d'Henri IV, l'agriculture française est redevenue
florissante ; le blé, quoique abondant, se vend cher, l'argent est commun, les impôts bien payés et diminués
quoiqu'on eût augmenté la dépense. Les Physiocrates se
prévaudront de ces heureux résultats pour soutenir leur
thèse en faveur de la liberté, et montrer à leurs adversaires qu'elle n'est pas si dangereuse qu'ils veulent bien
le dire.

La politique de Sully ne lui survécut pas. Ses succes-
seurs reviennent peu à peu aux règlements antérieurs, et
avec Colbert disparaissent les derniers vestiges de la poli-

_____

(1) *Lavisse* et *Rambaud*. — Histoire générale, v, 316.

tique agraire. L'agriculture retombe dans un état plus lamentable qu'elle n'était un siècle auparavant.

A la fin du XVIIe siècle, la misère des campagnes est à son comble. Les témoignages en ce sens abondent ; nous nous appesantirons un peu sur les tableaux de l'époque, parce que l'état de l'agriculture restera le même pendant toute la première moitié du XVIIIe siècle, c'est-à-dire jusqu'aux Physiocrates.

En 1687, deux commissaires, membres du Conseil d'État, écrivaient dans un mémoire au roi : « Autrefois, le laboureur était monté et fourni de tout ce qui était nécessaire pour l'exploitation des fermes. Aujourd'hui, il n'y a plus que de pauvres métayers qui n'ont rien. Les paysans qui n'ont pas même de blé noir vivent de racines, de fougères bouillies avec de la farine d'orge ou d'avoine et du sel. Dans leurs maisons, on voit une misère extrême. On les trouve couchés sur la paille, point d'habits que ceux qu'ils portent, qui sont fort méchants, point de meubles, point de provisions pour la vie. Tout y marque la nécessité » (1).

A la même époque Labruyère dans « ses Caractères », traçait du paysan français ce tableau tristement célèbre : « L'on voit certains animaux farouches répandus par les campagnes, noirs, livides, et tout brûlés du soleil, attachés à la terre qu'ils fouillent et qu'ils remuent avec une opiniâtreté invincible. Ils ont comme une voix articulée, et quand ils se lèvent sur leurs pieds, ils montrent une face humaine, et en effet ils sont des hommes. Ils se retirent la nuit dans des tanières où ils vivent de pain noir, d'eau et de racines, ils épargnent aux autres hommes la

____

(1) Cité par *Lavisse* et *Rambaud*. — Histoire générale, VI, 246.

peine de semer, de labourer, de recueillir pour vivre, et méritent ainsi de ne pas manquer de ce pain qu'ils ont semé » (1).

Mêmes témoignages dans l' « État de la France » de Boulainvilliers. Au milieu de cette détresse générale deux voix s'élèveront pour demander le soulagement des malheureux et indiquer le remède du mal, ce sont celles de Vauban et Boisguilbert.

Pendant sa longue carrière de commissaire général des fortifications, *Vauban* appelé sur tous les points de la France avait vu de près la misère des campagnes. On comprend la douleur que dût causer ce triste spectacle à l'homme dont Saint-Simon, pourtant si avare de louanges, a tracé ce sublime portrait. « Petit gentilhomme de Bourgogne tout au plus, mais peut-être le plus honnête homme et le plus vertueux de son siècle, et avec la plus grande réputation du plus savant homme... le plus simple, le plus modeste... le plus avare et le plus ménager de la vie des hommes... avec une valeur qui prenait tout sur soi et donnait tout aux autres (2) ». « Patriote comme il l'était, dit ailleurs le même auteur, il avait été toute sa vie touché de la misère du peuple et de toutes les vexations qu'il souffrait (3). »

Le tableau que nous trace Vauban de la misère des campagnes ne le cède en rien aux précédents. « Il est certain, dit-il, que le mal est poussé à l'excès et que si on n'y remédie, le menu peuple tombera dans une extrémité dont

______

(1) *Labruyère*. — Caractères, ch. x.
(2) *Saint-Simon*. — Mémoires, v, 363.
(3) *Ibid.*, iv, 87.

il ne se relèvera jamais. Les grands chemins de la campagne et les rues de la ville et des bourgs étant pleins de mendiants que la faim et la nudité chassent de chez eux. » La dixième partie du peuple est réduite à la mendicité et mendie effectivement. Des neuf autres parties, cinq ne peuvent faire l'aumône à celle-là à cause de leur condition malheureuse. Sur les quatre qui restent trois sont gênées par des dettes et des procès, et la dernière, qui comprend les gens d'épée, de robe, et les ecclésiastiques est peu nombreuse ; à peine cent mille familles dont dix mille petites ou grandes peuvent être dites fort à leur aise (1). Vauban reconnaît que de tout temps en France on a fait trop peu de cas du menu peuple, « aussi c'est la partie la plus ruinée, la plus misérable du royaume... et c'est celle qui fait tous les gros et menus ouvrages, de la campagne et des villes » (2).

Toute cette détresse, est-il dit dans la *Dîme Royale*, est causée par la fausse conception qu'on a de la richesse. La richesse, dit Vauban réfutant l'erreur bullioniste, n'est pas dans la possession de grandes quantités d'or et d'argent. Il cite le Pérou et plusieurs États d'Amérique qui en ont beaucoup sans être pour cela ni plus à l'aise, ni plus heureux. « La vraie richesse d'un royaume consiste dans l'abondance des denrées dont l'usage est nécessaire au soutien de la vie des hommes qui ne sauraient s'en passer » (3). A ce point de vue la France est très riche, car elle possède un grand superflu de denrées qu'elle peut vendre à l'étranger, et dont elle peut augmenter la quan-

(1) *Vauban.* — Dîme royale. Chailley, p. 3 et 4.
(2) *Ibid.*, p. 15 et 18.
(3) *Vauban.* — Ouv. cité, p, 22.

tité par la bonne culture. Celle-ci donne de la valeur aux terres. « C'est une vérité qui ne peut être contestée que le meilleur terroir ne diffère en rien du mauvais s'il n'est cultivé ; mais cette culture devient inutile et même ruineuse au propriétaire et au laboureur à cause des frais qu'il est obligé d'y employer, si, faute de consommation, les denrées qu'il retire de ses terres lui demeurent et ne se vendent point » (1).

Le commerce, qui est seul capable de procurer des consommateurs, est nul à l'époque de Vauban. Comment pourrait-il en être autrement avec les entraves qu'on lui oppose ? Et il cite la multiplicité et l'élévation des aides et douanes provinciales, les « vexations inexprimables » des commis percepteurs, toutes causes qui font que « les paysans aiment mieux laisser périr leurs denrées chez eux que de les transporter avec tant de risques et si peu de profits » (2).

Avec une libre circulation entre les provinces, le commerce intérieur se développerait, augmentant la consommation et par suite relevant les prix ; les laboureurs et paysans trouveraient ainsi le moyen de payer leurs maîtres avec facilité et de se mettre eux-mêmes dans l'aisance.

Comme plus tard les Physiocrates, et contrairement au préjugé dominant à son époque, Vauban a compris que les fruits de la terre ne sont pas des dons faits gratuitement par la nature au laboureur. Il sait, au contraire, qu'ils coûtent beaucoup de travail et de frais et qu'en toute justice le travailleur doit rentrer dans ses déboursés, ce remboursement étant la condition *sine qua non* du maintien de la

(1) *Ibid.*, p. 23.
(2) *Ibid.*, p. 27.

culture. C'est la théorie du prix rémunérateur, et comme les économistes Vauban cherchera à obtenir ce prix par la liberté commerciale. Il est si convaincu des avantages du commerce que dans son projet de dîme il prend de grandes précautions pour l'imposer. Les membres des Chambres de commerce, création toute nouvelle alors, fixeraient quelle imposition le commerce pourrait supporter « sans être altéré ou détérioré ». Il propose un abonnement fixé à 2 millions, ce qui est très peu pour l'époque.

Vauban dénonce la taille comme autre cause du dépérissement de l'agriculture ; impôt arbitraire dans son assiette, très coûteux dans sa perception, et qui par suite de multiples exemptions retombait d'autant plus lourde sur le pauvre peuple. Celui-ci, craignant que la surtaxe d'impôt ne dépassât l'augmentation de son revenu, négligeait toute culture. L'injustice de répartition avait existé de tout temps, et l'intendant La Gallissonnière écrit à Colbert qui lui avait demandé d'asseoir les tailles « sans avoir égard aux recommandations de qui que ce soit » : « Ceux qui ont moins de raisons de se plaindre sont presque toujours en possession de crier plus haut et de chercher par des voies obliques des protections qui très souvent nous désarment et nous ostent le courage de faire notre devoir. »

Vauban constate que ce n'est pas le revenu qui règle l'imposition, mais l'envie, le support, la faveur, l'animosité : on ne s'en tire qu'en cachant le peu d'aisance qu'on peut avoir. « Un malheureux taillable est obligé de préférer sans balancer la pauvreté à une aisance, laquelle après avoir coûté bien des peines, ne servirait qu'à lui faire sentir plus vivement le chagrin de la perdre, suivant le caprice ou la jalousie de son voisin » (1).

(1) *Vauban.* — Ouv. cité, p. 52.

Il dénonce la rigueur de perception. « Hors le feu et le fer, il n'y a rien qu'on ne mette en usage », c'est ce qui amène une infinité de gens « à l'hôpital et sur le pavé », dépeuple le royaume, nourrissant une armée de traitants et de sous-traitants avec leurs commis, « sangsues d'Etat (1) dont le nombre serait suffisant pour remplir les galères, mais qui après mille friponneries punissables marchent la tête levée dans Paris, parés des dépouilles de leurs concitoyens, avec tant d'orgueil que s'ils avaient sauvé l'État..... C'est de l'oppression de ces harpies qu'il faut débarrasser le royaume » (2). Ces énergiques épithètes sous une plume d'ordinaire si modérée prouveraient à défaut de faits quels tristes ennemis Vauban combattait. Ils devaient d'ailleurs se venger cruellement en obtenant du roi la disgrâce du Maréchal.

Le remède à ces maux était la dîme royale (3), copiée sur la dîme ecclésiastique, impôt réel non plus personnel comme la taille, basé sur le revenu brut, sans privilèges ni exemptions, et dont la perception facile ne donnerait lieu à aucune contestation. Le revenu des terres payait l'impôt en nature, les autres en argent. On a dit que Vauban voulait un impôt unique, et on en a fait le prédécesseur des Physiocrates dans leur théorie financière; c'est absolument faux. Vauban n'a jamais fait de la terre la source unique du revenu comme les économistes. Chez eux la théorie de l'impôt unique est la résultante forcée

----

(1) « En France, un traitant ne se soucie guère que tout périsse après lui, pourvu qu'il fasse sa fortune, écrira Boisguilbert. »

(2) *Vauban.* — Ouv. cité, p. 197.

(3) Quelques essais infructueux de ce système furent faits. La capitation de 1695 et l'impôt du dixième de 1710 s'en inspirent.

de leurs théories sur la production. La dîme royale est basée sur ce fait que le trésor avait besoin annuellement de 118 millions. Elle cherche un moyen permettant au contribuable de verser cette somme à l'État de la façon la plus rapide et la plus économique. Que Vauban ait souhaité un impôt unique, c'est fort probable, parce que cela cadrait bien avec son idée d'impôt facile à asseoir et économique à percevoir, mais il voyait qu'un impôt unique ne pourrait fournir sans écraser le contribuable la somme nécessaire, aussi s'adresse-t-il à quatre sources : revenus fonciers, revenus mobiliers, revenu fixe, et Gabelle du sel.

Vauban avait grande confiance dans son système. « Il remettra en valeur, dit-il, les terres qui sont venues à un très bas prix, et on doit s'attendre que son exacte observation ranimera l'abondance dans le royaume, parce que les peuples qui ne craindront plus la surcharge des taxes personnelles travailleront à qui mieux mieux, d'où augmentation du revenu et de population. Le commerce intérieur refleurira par suite de l'abolition des aides et douanes, et se fera sentir jusque sur les côtes, où la dîme facilitera aussi le commerce étranger. Le peuple plus aisé entreprendra les améliorations de l'agriculture construisant des ports, canaux, routes, faisant des travaux d'arrosage et de dessèchement (1) ».

Tel est le système de la dîme royale. Sans prétention économique, mais dominé par un profond sentiment de charité et de justice, il est bien tel qu'on devait l'attendre de son auteur. Toute la grande âme de Vauban s'y reflète. C'est l'œuvre d'un honnête homme qui, désolé par les misères aperçues de tous côtés, cherche à les soulager,

(1) Dîme royale, p. 106 et 107.

sans s'inquiéter de justifier les moyens qu'il propose, parce qu'il croit que la justice, assez puissante par elle-même, n'a pas besoin d'être défendue. Economiste sans le vouloir, il a posé les principes que développeront après lui Boisguilbert et les Physiocrates, et son exemple est tout à l'honneur de la science économique, puisqu'il montre qu'on la découvre en cherchant le bien public.

Comme Vauban, avec qui il fut en relation (1), BOISGUILBERT tout en restant plein de respect et d'amour pour le roi, « le meilleur prince qu'il fût jamais » (2), dénonce avec fermeté les abus qu'il a sous les yeux. Ce sont, dit-il, les peuples mêmes qui parlent dans ces mémoires au nombre de quinze millions contre trois cent mille personnes au plus qui s'enrichissent de la ruine du roi et des peuples » (3).

Il signale dans le détail la diminution survenue dans les biens depuis 1660. Ceux qui avaient 1000 livres de rentes en fonds n'en ont plus que 500, dit-il. Et bien que Voltaire ait écrit dans le siècle de Louis XIV que « rien n'était ni plus faux, ni moins vraisemblable » (4) nous avons vu les nombreux témoignages qui corroborent l'affirmation de Boisguilbert (5).

(1) Dans une lettre de Boisguilbert à Vauban, du 12 août 1704 : on lit : « Je vous demande s'il vous plaît deux heures de vostre temps que j'irai prendre secrètement au jour que vous aurez eu la bonté de me marquer comme vous fîtes il y a huit ans. » (Cité par F. Cadet dans son livre intitulé *Pierre de Boisguilbert précurseur des Physiocrates*, p. 56).

(2) Détail p. 233. (Edition Eug. Daire. — *Collection des Economistes.*)

(3) Détail IIe partie, ch. xxi, p. 218.

(4) *Voltaire.* — Siècle de Louis XIV, ch. xxx.

(5) Locke (cité par Henri Martin, dans son *Histoire de France*) dit

Boisguilbert attaque à fond le principe bullioniste par une critique très serrée de l'argent, dont les Mercantilistes avaient fait la richesse par excellence. L'argent, dit-il, n'est principe de richesse qu'au Pérou, parce qu'il y est uniquement le fruit du pays, et là encore il nourrit misérablement ses habitants pendant que des nations qui le connaissent à peine ne manquent d'aucun besoin. Dans les nations dépourvues de mines, l'argent n'est que le lien du commerce et le gage de la tradition future des échanges quand la livraison ne se fait pas sur-le-champ à l'égard d'un des contractants (1). L'argent, continue-t-il, n'est qu'un moyen de recouvrer les denrées, parce que lui-même n'est admis que par le moyen d'une vente précédente. C'est la fameuse loi des débouchés que développera Jean-Baptiste Say; pour acheter, il faut vendre, et pour vendre, il faut acheter. C'est la théorie de la monnaie, instrument d'échange qu'avaient soutenue Aristote et les Scholastiques, et dont ils avaient déduit l'illégitimité de l'intérêt de l'argent. Les défenseurs des mutations monétaires l'invoqueront aussi.

Boisguilbert en déduit une idée juste quand il dit que la rapidité de circulation de l'argent vaut mieux que son accroissement, par assimilation au principe de physique, la vitesse suplée au poids. Plus un pays est prospère et moins l'argent y est convoité. « Dans ces temps-ci, dit-il, l'argent marche à pas de tortue, on se retranche à moins

que l'ouvrier français donne la moitié de son salaire en impôts; et Mme de Maintenon (dans ses *Conseils aux demoiselles de Saint-Cyr*, I, 95) dit : « Celles qui ont laissé 2.000 livres de rente en quittant leur famille n'en trouveront peut-être pas 1.000 en y rentrant. »

(1) Factum, ch. iv, 278. (Collection Eug. Daire.)

dépenser, ce qui est un mal qui augmente la misère. Sitôt que l'argent devient immeuble parce qu'on a peur de le perdre, on peut dire que tout est compromis. Cessez de croire, poursuit-il, que la misère vient du manque de numéraire. Ce manque est l'effet, non la cause de la misère. L'argent se cache parce que les réglementations gênent la production, et les exactions font craindre le dépouillement. Adoptez la liberté et l'argent reviendra. Il y en aura d'ailleurs moins besoin parce qu'avec la circulation et le crédit on le multipliera. »

Dans sa fougue de réaction contre l'argent, Boisguilbert va trop loin. Pour réduire ces métaux à la raison, les renfermer dans leurs véritables bornes qui sont d'être « valets et esclaves du commerce, uniquement, non pas ses tyrans », il propose de bannir complètement l'or et l'argent, les remplaçant « par un simple morceau de papier qui ne coûte rien, et remplit néanmoins toutes les fonctions de l'argent » (1) ; et il cite les foires de Lyon « où sur un commerce de plus de 80 millions on n'y a jamais un sou marqué d'argentcomptant » (2). Cette théorie de la monnaie instrument d'échange aura une utile application dans la création du billet de banque, mais son exagération conduira à la pratique du papier-monnaie et à la faillite du système de Law.

Ayant condamné les métaux précieux, Boisguilbert définit la richesse : « Ce n'est à chacun, dit-il, que le pouvoir de se procurer l'entretien commode de la vie tant pour le nécessaire que pour le superflu » (3). Ainsi, il voit

(1) Dissertation sur la nature des richesses, ch. II, p. 397. (Collection Daire.)

(2) *Ibid.*, II, 398.

(3) Détail ch. XVIII, IIe partie, p. 210,

la richesse dans la satisfaction des besoins. Or, la nourriture étant le premier besoin, la terre sera la première source de richesse. La terre que l'on compte pour le dernier des biens donne le principe à tous les autres, il n'y a aucune profession, depuis la plus élevée jusqu'à la plus abjecte, qui n'attende son maintien des fruits de la terre. Ce sont principalement les blés qui mettent toutes les professions sur pied (1) et il ajoute, complétant le fameux axiome de Sully : « L'agriculture et le commerce sont les deux mamelles de toute République » (2).

Deux conséquences sont à tirer de ces prémisses : Importance du laboureur sans lequel la terre reste un trésor inutile, et, comme Vauban, Boisguilbert combat le mépris professé à son époque à l'égard des travaux agricoles. Nécessité d'augmenter la production des terres, puisque c'est augmenter en même temps la richesse.

Comme premier moyen pour obtenir cet accroissement, Boisguilbert donne la consommation. Il établit pour principe que consommation et revenu sont une seule et même chose (3), et développe ensuite l'importance de la consommation, disant : « Tous les fruits de la terre les plus exquis et les denrées les plus précieuses ne sont que du fumier d'abord qu'ils ne sont pas consommés (4). Sans elle, la production n'est pas utile au propriétaire et le met même dans une mauvaise situation, les frais qu'il a dû faire tombant en pure perte (5). Etendre la consommation,

(1) Détail, ch. xviii, IIIᵉ partie.
(2) Détail IIᵉ partie, ch. xxi, p. 215.
(3) *Ibid.*, ch. ix, p, 193.
(4) Factum, ch. v, p. 282.
(5) Détail Iʳᵉ partie, ch. ix, p. 193.

c'est donc encourager la production. Or, c'est par l'échange
que ce résultat s'obtient. C'est donc sur lui que doit porter
toute l'attention, et Boisguilbert amené à chercher quelle
est la condition essentielle des échanges la trouve dans la
proportion des prix. C'est le renversement des idées mercantilistes, pour qui l'art suprême des échanges consistait
à recevoir beaucoup en donnant le moins possible. « Il
faut, écrit-il (1), que toutes choses et toutes les denrées
soient continuellement en équilibre et conservent un prix
de proportion par rapport entre elles et aux frais qu'il a
fallu faire pour les établir. » Par ce moyen, on évite les
hauts et les bas prix, la cherté ne consistant que dans la
disproportion. Tout le monde trouverait son bénéfice à cet
état de choses, et cependant nous voyons en réalité les
hommes luttant toujours pour détruire cette proportion.
Leur intérêt aveugle les empêche de voir cette vérité que
Boisguilbert montrera en étudiant le prix rémunérateur et
la solidarité humaine.

Quel doit être le prix de proportion ? Comment l'obtient-
on ? Quels avantages en résultent ? telles sont les questions envisagées dans la théorie du prix rémunérateur.
L'auteur en fait application au commerce des grains.
Chaque métier, dit-il, doit nourrir son maître (2). C'est là
un principe de justice contre lequel personne ne peut
protester. A l'époque où écrit l'auteur le gouvernement
croyant que le blé ne coûte rien à faire venir, s'attache à
le maintenir au plus bas prix possible, persuadé que c'est
là l'intérêt de l'État. Le pauvre, pense-t-on, peut ainsi plus
facilement se nourrir ; quant au laboureur, on ne s'en in-

---

(1) Dissertation sur la nature des richesses, ch. v, p. 409.
(2) Factum ch. x, 325 et Traité des grains, ch. iv, p. 361.

quiète pas. Tout étant profit pour lui, il gagne moins sans pouvoir jamais perdre. Boisguilbert proteste contre cette erreur, à qui il attribue la ruine de l'agriculture. Le cultivateur doit faire des frais, il est de toute justice qu'il rentre dans ses débours. La même question se pose de nos jours, mais alors que sous l'ancien régime on demandait la liberté comme remède, aujourd'hui c'est la protection qu'on réclame.

Le prix de revient que doit couvrir la vente est au moins le prix de revient le plus élevé, c'est-à-dire celui des terres les moins fertiles. A son défaut ces terres resteront en friche, par conséquent la production du blé sera moins abondante qu'elle pourrait l'être. « On a cru, dit Boisguilbert, qu'afin que tout le monde fût à son aise il fallait que les grains fussent à si bas prix, que les fermiers ne pussent rien bailler à leurs maîtres, et ceux-ci aucun travail aux ouvriers ce qui étant tout leur revenu la privation en excède dix fois le prétendu bas prix du pain ; et l'on a pensé pareillement que, pour éviter les horreurs d'une cherté extraordinaire, il est avantageux de faire abandonner la culture d'une infinité de terres, et l'engrais de presque toutes en général, le prix de la récolte n'en pouvant supporter les frais » (1). Le bas prix, conclut-il, prépare la disette.

Boisguilbert a donné une formule juridique du prix rémunérateur. « Tout vendeur n'est que le commissionnaire de l'acheteur, et il doit compter avec lui de clerc à maître comme un facteur avec un négociant, lui allouant tous ses frais justement déboursés, et lui payant le prix de son travail : autrement plus de travail, et par conséquent plus de profit pour le maître (2) ». L'idée est ingénieuse, mais

(1) Factum, ch. ii, p. 275.
(2) Dissertation sur la nature des richesses, ch. v, p. 410.

elle conduit à l'immobilisme économique ; chacun ayant un profit assuré, quel avantage y aura-t-il à chercher des améliorations ? De plus elle oblige le consommateur à maintenir les industries même coûteuses.

Voici donc le quantum du prix rémunérateur fixé au coût de production. Comment l'obtiendra-t-on ? Boisguilbert donne cette grande et simple réponse que répéteront après lui les économistes : par la liberté des échanges. La nature, dit-il, ne respire que la liberté, et un siècle plus tard Bastiat après avoir constaté l'harmonie des intérêts s'écriera : « La conclusion des économistes est la liberté... la solution est tout entière dans la liberté » (1). Le remède, ajoute Boisguilbert, est d'autant plus aisé « qu'il n'est pas question d'agir pour procurer une très grande richesse, mais de cesser seulement d'agir, ce qui n'exige qu'un instant » (2). Alors tous les bons résultats annoncés par la proportion des prix se reproduiront d'eux-mêmes ; et pour justifier son assertion Boisguilbert établit le principe d'Economie politique appelé depuis loi de l'offre et de la demande.

Il y a dans tout trafic égale nécessité de vendre et d'acheter. Des deux côtés le seul désir du profit est l'âme de tous les marchés. Etant donnée cette égalité de besoins et de désirs contraires entre les parties, il en résulte un équilibre entre coéchangistes (3). « Le commerce ne se fait que par utilité réciproque. » Toute intervention en faveur de l'une des parties détruirait l'équilibre et nuirait à la

---

(1) *Bastiat.* — OEuvres, vi, p. 7 et 20.

(2) Dissertation sur la nature des richesses, vi, 420.

(3) Dissertation sur la nature des richesses, ch. v, p. 409.

partie adverse qui serait ainsi placée dans une condition inférieure (1).

Boisguilbert raisonnant toujours sur les blés fait application de son principe au commerce intérieur et extérieur. Comme Vauban, il critique les douanes intérieures qui paralysent toute circulation. Il faut, écrit-il dans le factum, la liberté dans les chemins si l'on veut voir de la consommation, par conséquent du revenu. Il réclame la liberté des marchés, ne craint pas les accapareurs, et reconnaît que l'intervention de la police n'a jamais fait qu'augmenter l'alarme (2). La liberté procurera de meilleurs magasins que le gouvernement et à meilleur compte, dit-il, montrant la supériorité des « réservoirs libres » (3).

Quant au commerce extérieur, Boisguilbert déroge un peu à sa théorie de liberté générale, voulant des droits d'entrée, mais seulement comme mesure fiscale ; et il propose d'arrêter l'importation des blés de Barbarie pour obtenir le relèvement des prix dans la Provence et le Languedoc. Mais il réclame la liberté la plus complète d'exportation. « Les droits de sortie sont les plus grands ennemis du roi et du royaume » (4). Cela est tout naturel quand on connaît l'importance qu'il accorde à la consommation. A l'appuie de sa thèse il cite l'exemple de la Hollande et de l'Angleterre, et celui de la France sous Henri IV et Sully.

Boisguilbert sent la force du préjugé contre lequel il lutte et voit bien qu'on ne voudra pas comprendre son

(1) Traité des grains, IIᵉ partie, x, 392.
(2) *Ibid.*, v, 380.
(3) *Ibid.*, viii.
(4) Factum, x, 329.

raisonnement. Le peuple « qui ne diffère en rien des bêtes dans ses raisonnements généraux », croit qu'avec la liberté d'exportation, on va tout enlever dans le royaume, et cet état d'esprit est entretenu par la surélévation subite des prix, résultat de la spéculation faite par les détenteurs de blé. Ceux-ci diminuant l'offre, les demandeurs se pressent d'acheter pour se mettre à l'abri du danger ; Et Boisguilbert remarque fort judicieusement que c'est la fourniture du marché qui fait le prix des blés, quelle que soit l'abondance de la récolte. C'est pourquoi la hausse est, dans les mauvaises années, plus que proportionnelle à la diminution de production. Pour les denrées nécessaires, c'est l'offre effective, non la virtuelle, qui agit sur les prix. Il y a donc une extrème sensibilité du marché des blés qui montre combien il suffirait d'exporter peu pour rehausser les prix, parce que le public craignant une disette achètera beaucoup.

Boisguilbert s'adresse alors à l'intelligence du peuple, disant qu'il ne faut pas craindre cette hausse. Combattre le bon marché dans les années d'abondance, c'est prévenir la trop grande cherté des années de disette. En effet, ce qui détermine l'étendue de la culture, c'est le prix rémunérateur. Assurer ce prix, c'est maintenir la production. La surélévation des bonnes années est une prime d'assurance contre les mauvaises. S'inspirant de cette idée, Dupont de Nemours dira : La cherté est l'unique remède contre la cherté.

Si Boisguilbert s'en tenait là, on pourrait en faire un précurseur de la doctrine du libre échange, mais il demande l'intervention de l'État pour assurer cette rémunération, réclamant pour les bonnes années des primes à l'exportation des blés. Il félicite les Anglais qui pratiquent ce système depuis 1688, et admire les Hollandais qui combattent l'abondance par la destruction, jetant les blés à la mer pour maintenir les prix.

On pourrait croire Boisguilbert plus partisan des hauts prix que de la liberté, mais il ne se préoccupe que du prix rémunérateur, parce qu'il est aussi inquiété par les conséquences sociales des prix trop élevés que par celles des prix trop bas. Les deux empoisonnent également, dit-il, mais avec le bas prix on le voit moins ; on restreint peu à peu la culture et on s'achemine insensiblement vers la disette. « C'est le prix qui sème et engraisse les terres, et qui produit par conséquent l'abondance qui entretient les magnificences dans les riches et donne le nécessaire aux ouvriers » (1). Et ailleurs il dit : « Le peuple ne sera jamais plus pauvre que quand il achètera le blé à vil prix ; l'on ne peut éviter l'extrème cherté qu'en vendant toujours du blé aux étrangers » (2).

Dans sa théorie de la solidarité humaine, Boisguilbert nous montre les avantages que retirent toutes les classes du prix rémunérateur. L'opinion dominante à son époque, et qui continuera à prévaloir après lui, était que dans l'échange les deux parties ne pouvaient en même temps trouver leur avantage. Toutes deux croient gagner, mais en fait cela n'arrive qu'à une seule, car enfin, disait-on, d'où pourrait venir le gain si personne ne perd ? « Il ne se fait aucun proufict qu'au dommage d'aultruy »,

______

(1) Traité des grains, IIe partie, VI, 382.
(2) *Ibid.*, Ire partie, I, 353.

écrit Montaigne (1), et Bacon : « Ce qu'une nation gagne, il faut bien que quelqu'un le perde. » Dans le même sens Voltaire (2) dira : « Il est clair qu'un pays ne peut gagner sans qu'un autre perde..... Telle est la condition humaine que souhaiter la grandeur de son pays, c'est souhaiter du mal à ses voisins. » L'histoire était bien faite pour donner du crédit à cette opinion, montrant les États riches tour à tour. Venise d'abord tombant au moment où l'Espagne s'accroît, et la fortune de celle-ci ruinée par celle de la Hollande, qui, à son tour, cède devant la prospérité de l'Angleterre.

Boisguilbert lutte contre ce préjugé. « La nature, dit-il, aime également tous les hommes, et les veut sans distinction pareillement faire subsister (3). » Il montre d'abord la solidarité des classes dans l'État; le corps d'État est comme le corps humain : toutes les parties doivent concourir au même but, et la faiblesse de l'une porte atteinte à tout le corps (4). « La Providence a voulu qu'en France les riches et les pauvres fussent mutuellement nécessaires pour subsister, puisque les premiers périraient avec toutes leurs facultés et possessions qui ne sont originairement autre chose que les mêmes terres, si les seconds, c'est-à-dire les pauvres, ne leur prêtaient le secours de leurs bras pour mettre ces biens en valeur (5). »

Aussi stricte est la solidarité des professions. « Il faut convenir d'un principe, dit-il, qui est que toutes les profes-

---

(1) *Montaigne*. — Essais, ch. XXI. l. Ier.
(2) *Voltaire*. — Dictionnaire Philosophique, article *Patrie*.
(3) Dissertation sur la nature des richesses, V, 410.
(4) Factum XI, 336.
(5) Traité des grains, Ire partie, III, 358.

sions quelles qu'elles soient dans une contrée, travaillent les unes pour les autres et se maintiennent réciproquement, non seulement pour la fourniture de leurs besoins, mais même pour leur propre existence (1). » Et ailleurs il écrit (2) : « L'opulence consistant dans le maintien de toutes les professions du royaume qui se soutiennent et se font marcher réciproquement comme les pièces d'une horlogerie. » C'est une application de sa théorie de la production. Le revenu d'une profession étant sensiblement diminué, sa consommation sera par là restreinte, et cela portera atteinte aux productions qui alimentaient cette consommation. Boisguilbert nous montre le revenu des classes agricoles ruiné par le bas prix des grains. Celles-ci doivent cesser toute consommation de produits manufacturés, ce qui amène la faillite des industriels. Pour avoir voulu économiser un peu sur l'achat de leurs subsistances, les industriels, et par ce mot nous désignons tous ceux qui sont occupés dans les manufactures et en vivent, voient disparaître leur revenu. La perte est, on le voit, hors de proportion avec le gain recherché.

Poussant son principe jusqu'au bout, Boisguilbert pose la solidarité des nations, ce qui justifie le commerce international. La nature en spécialisant les productions l'a voulu ainsi. « Elle ne connaît ni différents États, ni divers souverains, ne s'embarrassant pas non plus s'ils sont amis ou ennemis, ni s'ils se font la guerre pourvu qu'ils ne la lui déclarent pas (3). » Les Physiocrates auront la même théorie, et Turgot dira qu'il ne faut pas tenir compte des

(1) Disertation sur la nature des richesses, IV, 404.
(2) *Ibid.*, V, 412.
(3) Dissertation sur la nature de la richesse, V, 411.

diverses nations; principe vrai au point de vue économique, mais dangereux en politique.

La théorie financière de Boisguilbert fait corps avec sa
doctrine économique. L'impôt ne doit être qu'une part du
revenu et la plus petite possible. Il montre comment une
taxe trop lourde nuit à l'État. Elle diminue la consommation et empêche le développement de la richesse. Partisan
d'un impôt juste et proportionnel, il s'élève contre les
privilèges si nombreux de son temps où c'est le pauvre
qui paye tout. « L'institution (le principe) de l'impôt est
d'être porté également par tout le monde à proportion
de ses facultés (1). »

Le mal est moins dans le taux de l'impôt que dans son
assiette et dans la manière coûteuse et vexatoire de le percevoir. Il s'élève contre les fermiers généraux et leurs
intermédiaires, relève les prévarications des classes hautes
dont parle Fouquet dans sa défense. Il est partisan de
l'impôt direct personnel, il dirait presque unique, basé sur
la déclaration du contribuable, et dont la sincérité contrô-
lée par les officiers d'élection serait sanctionnée par la confiscation. Comme Bodin qui était aussi partisan de la déclaration, Boisguilbert ne signale même pas les inconvénients
de ce système : facilité de fraude, arbitraire, inquisition
qu'il comporte. C'est que pour l'organisation si mauvaise
de leur époque, la déclaration malgré ses défauts était
encore un grand progrès.

Les grandes lignes du système sont les mêmes que celles
de Vauban, mais la partie proprement économique tient
chez Boisguilbert une grande place. « Il a entrevu, dit Cadet,
l'existence et l'organisation d'une science spéciale qui ne

(1) Détail p. 178.

devait pas tarder à se constituer, à se nommer en pleine connaissance d'elle-même.... Il n'y manque, en effet, que ce majestueux ensemble d'un corps de vérités solidement enchaînées et se prêtant une force incomparable et un merveilleux éclat (1). » Les Physiocrates viendront « tirer de ce fécond chaos une science régulière plus profonde, plus étendue, plus maîtresse d'elle-même », mais Boisguilbert n'en aura pas moins signalé les points dominants de leur doctrine. Il a conçu cette féconde idée, que les rapports de l'homme avec la matière considérée comme source de richesse sont soumis à des lois établies par Dieu et qu'on ne viole pas impunément. Il a montré l'importance capitale de la terre, l'excellence de l'agriculture, et la dignité du laboureur, la concordance de l'intérêt général et particulier, la loi de l'offre et de la demande, la solidarité humaine, les avantages du prix rémunérateur et de la liberté des échanges. Il a montré les dangers du bas prix des blés et combattu les préjugés unanimes nourris par ses contemporains contre l'exportation. Enfin il a proclamé l'égalité de tous devant les charges publiques, réclamant des impôts proportionnés à la fortune de chaque contribuable (2). Nous retrouverons tout cela en étudiant les économistes. Or c'est à peine s'ils mentionnent le nom de Boisguilbert. Quesnay le cite une fois dans les notes jointes aux maximes générales du gouvernement, et Mirabeau le mentionne dans l'Ami des hommes (3).

Faut-il voir dans ce silence la jalousie qui pousse des auteurs à s'attribuer les découvertes faites par un autre?

____

(1) *F. Cadet.* — Ouv. cité, p. 330 et 334.
(2) *F. Cadet.* — Ouv. cité, p. 378.
(3) *Ibid.*, p. 330 et suiv.

Non. Le but aurait d'ailleurs été manqué, car dans la seconde moitié du xviiie siècle le nom de Boisguilbert est très connu. Herbert et Forbonnais notamment le citent très souvent. Les Physiocrates n'en parlent pas, pas plus qu'ils ne parlent de Vauban, parce que des théories n'ayant jamais été appliquées ne sont d'aucun poids pour appuyer leur doctrine. Ce sont des faits qu'ils recherchent non des similitudes de vues, aussi citeront-ils constamment Sully, dont les vues économiques bien plus éloignées d'eux cependant, avaient reçu une application pratique.

Les Physiocrates (1).

La doctrine des Physiocrates concernant le commerce des grains n'est qu'un dérivé de leur doctrine économique générale.

La base première de leur conception sociologique est la nécessité des relations physiques des sociétés avec le milieu naturel. La société, comme les individus qui la composent, vit grâce à un échange continu de matières et de forces avec le milieu extérieur. Or d'où vient cette matière subsistance vitale des sociétés ? De la terre. Les industries qui s'y appliquent sont donc les agents primor-

---

(1) Nous nous sommes aidé dans la rédaction de ce chapitre, des notes prises au cours de M. le Professeur Deschamps. Les citations sont prises dans la collection des Économistes, édition Eug. Daire.

diaux de la vie organique des sociétés ; toute la société vit
des produits de la terre. La richesse sociale est exclusivement sous la dépendance des productions du sol, et par
suite des industries qui s'en occupent. Au premier rang
de celles-ci il faut placer l'agriculture (1). Toutes les
autres industries s'appuient donc sur l'agriculture et sont
subordonnées à la quantité de ses produits. L'agriculture
est « productrice », les autres industries sont « stériles ».

En qualifiant l'agriculture de seule « productrice ». les
Physiocrates veulent d'abord dire qu'elle fournit les matières que transforment les manufactures et que déplace le
commerce ; mais la caractéristique vraie de leur doctrine,
c'est que l'agriculture seule accroît la somme des valeurs
sociales, qu'elle est seule créatrice de valeurs nouvelles.
Les autres industries ne font que des combinaisons variées
et des déplacements sur la somme totale des valeurs créées
par l'agriculture, sans pouvoir jamais augmenter cette valeur (2). On fe. a peut-être remarquer que les manufactures
augmentent la valeur de la matière travaillée, mais cette
valeur additionnelle est la contrepartie des valeurs égales

(1) La richesse sociale dépend des fruits de l'agriculture. Certains
auteurs se sont demandé s'il ne valait pas mieux dire des industries
extractives ? Cette dénomination paraît trop extensive ; les Physiocrates n'ayant en vue, croyons-nous, que l'agriculture. Baudeau, dans
l'explication du tableau économique, est le seul à mentionner l'exploitation des mines et carrières, et encore fait-il cette observation, que
le minerai, tout en augmentant la masse des richesses en circulation,
ne se multiplie pas, comme s'il sentait qu'il y a là une raison pour ne
pas mettre sur le même pied les industries minières et l'agriculture.

(2) Cela paraît si évident aux Économistes qu'ils ne cherchent pas
à le démontrer. Le Trosne (intérêt social), est le seul à en parler en
s'occupant de la théorie de la valeur.

consommées par les artisans et les ouvriers manufacturiers.

La richesse vient donc exclusivement de la terre, et il n'y a de productrice que l'industrie qui peut accroître et renouveler le volume de la matière échangeable, c'est-à-dire l'industrie agricole. Rapprochons agriculteurs et manufacturiers. Pour ces derniers leur rémunération est fournie par quelqu'un qui l'a reçue de quelqu'autre, et cela jusqu'à l'agriculteur qui l'a reçue de la terre. L'agriculteur obtient de son travail plus qu'il ne consomme en nature, par conséquent en valeur, et c'est cela seul qui permet l'existence de toutes les autres formes d'activité sociale. L'agriculture ne remplace pas seulement la quantité des matières qu'elle consomme, elle l'augmente par génération, parce qu'avec elle seulement le travail de l'homme a un colloborateur gratuit, la nature. C'est grâce à cette fécondité de la nature que non seulement de la matière nouvelle est mise en circulation, mais qu'elle l'est en quantité telle qu'elle fournit toutes les autres classes sociales. On voit dès lors comment les autres classes sont intéressées à la prospérité agricole.

On comprend aussi que par ces épithètes de « productif » et de « stérile » les Physiocrates ne veulent que faire une distinction purement physique, une constatation de fait. Ils ne veulent pas dire que l'industrie est inutile, ni créer une hiérarchie de mérite et d'honorabilité des professions (1). Smith a donc tort quand il dit : « Manufacturiers et marchands qu'ils (les Physiocrates) affectent de dégrader par la qualification humiliante de stérile. »

La terre, avons-nous vu, rend plus qu'on ne lui donne

____

(1) Pour la justification de cette affirmation. voyez *infrà*, pp. 199 à 201.

puisqu'elle nourrit toute la société (1), mais les Physiocrates ne veulent pas dire qu'elle produit d'elle-même. Il
faut que du travail s'y applique et cela exige des dépenses
comme les manufactures, seulement dans l'agriculture, la
nature dirigée par l'homme lui prête sa collaboration.

L'homme fournit à la terre des avances, celle-ci lui donne
en retour un total de matières qui est le produit brut.

Il y a trois catégories d'avances. Les premières sont les
avances foncières qui ont pour objet de mettre la terre
en état d'être cultivée. Elles ne sont pas périodiques, ni
renouvelables à une époque déterminée approximativement.
Ce sont des dépenses originaires qui ont modifié la confor-
mation du sol, faites par le premier propriétaire lequel ne
s'y serait pas engagé s'il n'avait eu ce titre. Elles ont besoin
d'être entretenues, parfois renouvelées, et leur amélioration présente un grand avantage au point de vue de la
culture. C'est le propriétaire du sol qui en est l'agent et
le représentant.

« Indépendamment des avances foncières, la culture
exige un fonds d'avances perpétuellement existantes qui,
conjointement avec la terre, forment pour ainsi dire la
matière première de ses travaux » (2). Ce sont les *avances
primitives*. Elles sont périssables, doivent être entretenues et renouvelées, ne sont pas annuelles mais périodiques. C'est le cultivateur qui les fait en tant que cultiva-

____

(1) *Mercier de la Rivière*. — (Ordre naturel et essentiel des
sociétés politiques, XIV, p. 574), en déduit que, à la différence des
manufacturiers et commerçants qui ne peuvent s'enrichir que par
l'économie. l'agriculteur le peut en travaillant et sans restreindre sa
consommation.

(2) *Dupont*. — Origine et progrès d'une science nouvelle, p. 344.

teur, c'est-à-dire non propriétaire (1), parce que comme cultivateur il est en mesure d'en retirer des avantages, car ce sont des avances à rendement régulier et peu éloigné.

La dernière catégorie comprend les *avances annuelles*. (Les Physiocrates disent plutôt dépenses annuelles.) Ce sont « celles qu'exigent le salaire et l'entretien de tous les hommes et de tous les animaux dont les travaux concourent à l'exploitation des terres » (2). C'est le fonds de subsistance de tous les agents de la culture. Le fermier en fait l'avance en tant que cultivateur pour la même raison qu'en ce qui concerne les précédentes. Étant donné le caractère des deux dernières avances, il est indispensable que le produit brut soit suffisant pour subvenir aux dépenses annuelles de la culture dans l'année suivante, et permettre chaque année le prélèvement d'une somme assez forte pour entretenir les dépenses primitives. Sans quoi l'on arriverait à un dépérissement notable et progressif de la culture.

Outre le remboursement des frais, la part du fermier doit comprendre une indemnité pour son travail et les risques qu'il court, sans quoi il ne travaillerait pas. Cette part ne peut pas être plus forte car les fermages absorberont le surplus, et cela parce que la concurrence très vive entre fermiers est presque nulle entre propriétaires, ce qui permet à ces derniers de faire la loi pour le prix des fermages. Les propriétaires n'empiéteront pas sur le remboursement des frais parce qu'ils y perdraient par suite

(1) Les Physiocrates raisonnent toujours sur l'exploitation agricole faite par le fermier.

(2) *Dupont.* — Origine et progrès....., p. 345.

de la diminution du produit brut. On désigne sous le nom de *reprises* des cultivateurs la part du produit brut qui paye les dépenses de culture, le surplus qui sert à payer les fermages s'appelle *produit net*.

Le produit net est-il la représentation des reprises foncières faites par le propriétaire afin de rentrer dans ses avances? Il semblerait d'abord que oui, car Dupont de Nemours dit : « Le produit net est le prix des dépenses et travaux faits pour mettre la terre en état d'être cultivée (1). » Mais en réalité c'est ce qui revient aux propriétaires parce que eux ou leurs auteurs ont fait des avances foncières, lesquelles sont leur titre à percevoir le produit net, mais dont il n'est pas le prix nécessaire puisqu'il varie selon les progrès de la culture. Moins important que le produit brut, il peut être nul pendant plusieurs années sans que pour cela la culture n'en continue pas moins. Est-ce à dire que le produit net est indifférent ? Non. Les Physiocrates y ajoutent même une grande importance pour plusieurs raisons. Il sert à faire de nouvelles avances foncières qui amélioreront la production. Il forme une richesse disponible qui entre dans la circulation et augmente la richesse sociale ; son abaissement continu forcerait à empiéter sur les reprises des cultivateurs (2). On voit par là quelle importance présente la vente des pro-

(1) *Dupont.* — Origine et progrès....., p. 345.

(2) Identifiant l'intérêt social à celui du propriétaire, Dupont de Nemours (origine et progrès d'une science nouvelle, pp. 345-346), après avoir montré l'importance du produit net, ajoute : « La prospérité de l'humanité entière est attachée au plus grand produit net possible. » Cette théorie du produit net donnera naissance à celle de la rente foncière.

duits agricoles. Le régime commercial qui permettra d'obtenir le plus fort produit net sera le plus avantageux.

Une fois obtenus, les produits entrent dans la circulation sociale. Un point certain, c'est que cette circulation sous toutes ses formes, qu'elle implique ou non du travail, ne saurait jamais augmenter la masse des richesses. Le principe est que les échanges s'y font de valeur pour valeur égale sous le régime de pleine concurrence. « L'échange, dit Le Trosne, est un contrat d'égalité qui se fait de valeur pour valeur égale. Il n'est donc pas un moyen de s'enrichir puisque l'on donne autant que l'on reçoit, mais c'est un moyen de remplir ses besoins, de varier ses jouissances. Il en est de même de la vente qui ne diffère de l'échange que dans le moyen et non dans l'objet. Dans l'échange il n'y a point de prix distinct, dans la vente il y en a un qui consiste en argent (1). »

Cette affirmation d'égalité de prestations fournies dans l'échange est fondamentale dans le système économique. Nous la trouvons notamment chez Quesnay (V^e observation sur le tableau économique). « Dans l'état d'une libre concurrence, il n'y a qu'échange de valeur pour valeur égale, sans perte ni gain de part et d'autre (2). » Il redit la même chose dans le dialogue sur le commerce (3). Dupont de Nemours se prononcera aussi dans le même sens (4).

(1) *Le Trosne.* — Intérêt social, pp. 903-904.
(2) *Quesnay.* — V. observat. sur le tableau écon., p. 71.
(3) *Quesnay.* — Dial. sur le commerce, p. 146.
(4) Sur cette question d'égalité dans l'échange s'élèvera une discussion entre Le Trosne et Condillac, ce dernier prétendant que le but dans l'échange est de céder une chose de valeur moindre que celle fournie par l'autre échangiste. Tous deux ont raison, car leur

Cette égalité dans l'échange est le renversement des théories mercantilistes. Avant les Physiocrates, Aristote et les Scholastiques avaient dit que l'échange pour être juste devrait se faire de valeur pour valeur égale, mais ils n'exprimaient là qu'un idéal moral, par suite reconnaissaient implicitement que le gain de l'un ne pouvait résulter que de la perte de l'autre. Pour les Physiocrates au contraire, c'est un fait que l'échange a lieu de valeur pour valeur égale. Il ne faut cependant pas leur prêter plus qu'ils n'ont dit. Cette égalité ne se produit que dans l'état de pleine concurrence. L'échange devient désavantageux quand une cause étrangère vient diminuer ou exagérer les prix.

Toute cause faussant la concurrence faussera l'égalité de valeur des échanges. En parlant d'égalité les Physiocrates ne veulent pas dire que le vendeur n'est pas en perte par rapport à lui-même, c'est-à-dire eu égard aux frais de production qu'il a dû dépenser. Cela arrive quand des obstacles à la production viennent fausser les rapports d'échange.

De l'égalité dans les prestations il résulte que dans la libre concurrence les échanges ne sauraient être une source de profits entre particuliers, puisque chacun ne reçoit pas plus qu'il ne donne. Comme dans la *chrématistique naturelle* d'Aristote, l'échange est ramené à sa fonction normale qui est de faciliter la vie en pourvoyant à la variété des besoins.

point de départ est tout différent. Le Trosne raisonne sur la valeur objective ou d'échange, et Condillac sur la valeur subjective ou d'usage. Se plaçant au point de vue de Condillac, Le Trosne maintiendra encore son affirmation, car chaque partie donnant une valeur moindre à son point de vue, l'égalité reparaît.

Cependant, objectera-t-on, ne voit-on pas s'élever tous
les jours des fortunes basées uniquement sur les échanges?
Oui, mais elles ne peuvent résulter que de deux causes.
Le monopole qui permet de vendre au dessus du prix nécessaire, le taux d'échange étant laissé à la volonté de
l'acheteur ou du vendeur privilégié. La seconde cause
est formée : par les risques qui rentrent dans les frais généraux mais comme ils ne sont pas toujours égaux, il
résulte de leur inégalité une différence de profits; par les
privations, c'est-à-dire la dépense moindre que le revenu.

Plusieurs déductions sont à tirer de ce qui précède :
Inutilité et même danger des intermédiaires parce qu'ils
augmentent les frais (l'échange ne servant qu'à la satisfaction des besoins doit être le plus rapide possible). On
doit les réduire le plus possible. « Les intermédiaires servent le commerce, mais ne le font pas. »

Caractère spécial de la monnaie qui, à l'encontre des
prétentions mercantilistes, n'est chez les Economistes
qu'un instrument d'échange. L'argent est reçu comme
gage intermédiaire entre les ventes et les achats et sert de
commune mesure (1). C'est un simple outil du commerce (2) qui circule et ne se consomme pas, et par suite
n'a pas besoin de se renouveler, car autrement il se mul-
tiplierait tant qu'il perdrait sa valeur et ne pourrait plus
remplir sa fonction. Il ne multiplie pas les productions, ce
sont au contraire les productions qui le multiplient en le
faisant circuler et cette circulation équivaut à une multiplication. « Un écu qui change de mains cent fois équivaut
à cent écus et rend le même service, car il est parvenu à

(1) *Le Trosne.* — Intérêt social, ch. III, § 1, p. 910.
(2) *Ibid,,* ch. IV, § 1, p. 915.

représenter successivement une valeur de cent écus en marchandise (1) ».

L'argent se partage entre les nations relativement à leurs besoins, c'est une chose échangeable comme toutes les autres, c'est-à-dire de valeur pour valeur égale, n'enrichissant pas celui qui le reçoit, n'appauvrissant pas celui qui le donne. On n'a donc aucune mesure à prendre en ce qui concerne sa circulation ou pour restreindre sa sortie (2). Ce sont, on le voit, des théories absolument opposées à la balance du commerce, et les économistes ne se privent pas de la railler chaque fois qu'ils en ont l'occasion.

Unité fondamentale d'intérêt existant entre les diverses classes sociales. La classe stérile est entièrement entretenue par la classe productrice, et est donc intéressée à ce que la richesse de celle-ci soit la plus abondante possible. La classe stérile est fort utile à l'autre, car fournissant les produits manufacturés elle lui permet de se consacrer exclusivement à l'agriculture, et donne un débouché à ses produits. De cette communauté d'intérêt il en résulte qu'une classe ne peut souffrir sans que les autres ne s'en ressentent, par conséquent chacune, en faisant la prospérité de l'autre, travaille pour son propre bonheur.

La condition première de l'amélioration de la situation de chaque individu est l'accroissement de la production. L'école communiste, prenant pour point de départ la répartition, reproche aux anciens économistes d'avoir oublié l'homme pour la richesse. Ne pourrait-on pas lui repro-

---

(1) *Mercier de la Rivière.* — Ordre naturel des soc...., ch. XV, p. 572.

(2) *Le Trosne.* — Int. soc., IV, 2, p. 918.

cher de ne penser qu'à la répartition au point de méconnaître la production. Son système de répartition strictement appliqué détruirait toute production, par suite les choses à répartir. Ne rien donner à personne serait peut-être le plus sûr moyen d'établir l'égalité, mais ce n'est pas précisément le but désiré.

Laissant ce point de vue moral, partant moins idéale mais plus pratique et plus humaine, l'école physiocratique a vu que si l'homme réclame la justice à son profit, il s'inquiète peu, sauf quelques exceptions malheureusement bien rares, de l'accorder aux autres. Ce qui le touche c'est son bien-être propre. Aussi, abandonnant les idées de justice et de charité, les économistes se sont uniquement attachés à l'intérêt personnel, quittes à montrer ensuite que cet intérêt bien entendu renferme les notions de justice et de charité.

Une vérité d'évidence que Quesnay donne comme la « perfection de la conduite économique », consiste à « obtenir la plus grande augmentation possible de jouissances par le plus grande diminution possible de dépenses et de travail pénible (1) ». C'est ce qu'on appellera la loi du moindre effort, dérivé direct du principe hédonistique en vertu duquel l'homme par sa nature physique et sa sensibilité recherche invinciblement le plaisir et fuit invinciblement la douleur.

Pour que cette perfection puisse se réaliser, il faut mettre l'homme dans une situation telle qu'il soit intéressé à augmenter sa jouissance et diminuer ses dépenses, et il faut que les conditions sociales soient telles que la société tout entière profite des efforts de chacun de ses

____

(1) *Quesnay*. — Dial. sur le travail des artisans, p. 195.

membres. Une seule condition suffira à produire ces heureux effets, cet état idéal sera donné par une seule institution, celle de la propriété individuelle.

Les Physiocrates défendent la propriété individuelle sous toutes ses formes. Que chacun soit propriétaire de lui-même, c'est, disent-ils, une idée de justice absolue et une condition de la perfection de la conduite économique. Sans cela le principe hédonistique se vengera; l'homme, sentant qu'il a la peine sans la jouissance, réduira ses efforts au minimum. Cette propriété personnelle implique la liberté d'échanger ses services contre ceux des autres, c'est-à-dire la liberté du travail.

Mais pour s'exercer, l'activité humaine s'incorpore à la matière. Propriétaire de son activité et des résultats de celle-ci l'homme l'est aussi de la matière qui en est inséparable, c'est-à-dire des fruits de son travail.

Pour la même raison l'homme est propriétaire de la terre sur laquelle il a incorporé son travail et fait des avances. Sans cela il refuserait de travailler et la source de richesses serait tarie.

Bien que créant l'individualisme, le droit de propriété est pourtant social parce que c'est lui qui convient le mieux au progrès de la société. Adam Smith soutiendra la même théorie et la citation suivante que nous lui empruntons explique comment les choses se passent. « Chaque individu, dit-il, met sans cesse tous ses efforts à chercher pour tout le capital dont il peut disposer l'emploi le plus avantageux. Il est bien vrai que c'est son propre bénéfice qu'il a en vue, et non celui de la société, mais les soins qu'il se donne pour trouver son avantage personnel le conduisent naturellement, ou plutôt nécessairement, à préférer précisément ce genre d'emploi même qui se trouve

être le plus avantageux à la société (1). » La propriété
contient un principe social qui fait profiter la société
entière des efforts de chacun sans diminuer leur activité;
ce principe est la concurrence.

Le droit de propriété consiste essentiellement dans la
libre disposition des choses possédées. En vertu du principe hédonistique, l'homme en usera au mieux de son
intérêt, c'est-à-dire pour en tirer le maximum de jouissances avec le minimum de dépenses et de peine. Tous les
hommes ayant le même mobile, il se produit entre eux
une compétition vers les emplois les plus avantageux, et
cette direction de l'intérêt personnel sera la plus conforme
à l'intérêt social. Travail et capitaux se porteront immédiatement là où le besoin est le plus grand, parce que c'est
là qu'ils trouveront le plus grand avantage, et leur venue
rétablira l'équilibre qui doit exister entre la production et
la consommation, ramènera dans les échanges la proportion de valeur pour valeur égale. C'est sur cette considé-
tion que Quesnay dira : « Ce qu'on appelle cherté est l'unique remède contre la cherté. » Dans le même sens était
l'axiome très répandu au XVIII° siècle : « Cherté foisonne. »

Etant donnés ces principes, quelle sera la théorie des
Physiocrates sur l'échange ? La libre disposition des choses
possédées étant de droit naturel, et l'intérêt personnel
livré à lui-même devant amener de bons résultats, le législateur n'a pas à intervenir dans les contrats, aussi Quesnay dit-il : « Qu'on maintienne l'entière liberté de commerce ; car la police du commerce intérieur et extérieur
la plus sûre, la plus exacte, la plus profitable à la nation

(1) *Ad. Smith*. — Richesse des nations. Livre IV, ch. II, pp. 32-33.
Édit. Guillaumin.

et à l'État, consiste dans la pleine liberté de la concurrence » (1). Les Physiocrates appellent « bon prix »
celui qui résulte de la concurrence. Certains auteurs se
méprenant sur cette appellation y ont vu un synonyme
de haut prix et les ont crus partisans de la cherté des
denrées agricoles.

Quelques formules de Quesnay (2) mal interprétées ont
pu induire en erreur, et voici la cause de la méprise. A
l'époque où écrit Quesnay, l'agriculture, gênée par des
prohibitions et des règlements qui lui empêchent de rentrer dans ses déboursés, est complètement abandonnée.
Le bas prix des blés est avantageux au peuple leur ré-
pondait-on. Pour réagir contre le mal dont ils ont décou-
vert la cause les Physiocrates diront : L'avilissement
artificiel des prix des blés est nuisible au peuple parce
que cet avilissement diminue la production, par suite la
richesse sociale. Celle-ci ne peut reparaître qu'avec le prix
rémunérateur, le bon prix, qui sera en même temps le

____

(1) *Quesnay*. — Maximes générales du gouvernement, XXV,
p. 101.

(2) Nous rappelons quelques-unes de ses maximes : « Que le gouvernement économique ne s'occupe qu'à favoriser les dépenses productives et le commerce des denrées du cru, et qu'il laisse aller
d'elles-mêmes les dépenses stériles. » (VIIIe maxime, p. 88). « Qu'une
nation qui a un grand territoire à cultiver et la facilité d'exercer un
grand commerce des denrées du cru, n'étende pas trop l'emploi de l'argent et des hommes aux manufactures et au commerce de luxe, au préjudice des travaux et des dépenses de l'agriculture. » (IXe maxime,
p, 90). « Que l'on n'empêche point le commerce extérieur des denrées
du cru. » (XVIe maxime, p. 97). « Qu'on ne fasse point baisser le prix
des denrées et des marchandises dans le royaume. » (XVIIIe maxime,
p. 98). « Qu'on ne croie pas que le bon marché des denrées est
profitable au menu peuple. » (XIXe maxime, p. 99.)

prix naturel, et qu'on obtiendra en laissant au commerce la plus entière liberté parce qu'on y trouvera la hausse voulue. Le public ne jugeant que par ce dernier résultat prend les Physiocrates pour les partisans de la cherté, alors qu'ils ne demandent que la liberté. Nous ne demandons simplement, dira Quesnay, qu'on ne nuise pas à l'agriculture, ce qui n'est pas une faveur. Le Trosne (1) nous renseigne absolument sur cette « bonne valeur » des denrées demandée par les Physiocrates. « Ce n'est pas une valeur excessive, arbitraire, indéfinie, c'est uniquement celle qui résulte de l'exercice légitime des droits de liberté et de propriété. » Si son obtention rehausse un peu les prix, ce n'est qu'une restitution de ce qu'un régime désordonné avait fait perdre.

De même Mercier de la Rivière après avoir demandé pour le propriétaire foncier le meilleur état possible ajoute (2) : « Je ne veux point par là faire entendre qu'on doive lui accorder des privilèges particuliers, des prérogatives sur les autres États. Il n'a besoin que de celles qui lui sont accordées par la nature, et dont il doit jouir nécessairement pour l'avantage de la société. »

Pour lever tous les doutes et répondre à ceux qui ne voyant dans les économistes que des partisans de la cherté les accusaient de vouloir faire une situation privilégiée à l'agriculture, Le Trosne écrit (3) : « Si votre territoire est propre à une culture, vos cultivateurs n'ont besoin d'aucun autre encouragement que la liberté du commerce; ils ne doivent pas être favorisés par des exclusions, et ne

(1) *Le Trosne*. — Intérêt social, ch. VIII, § 3, p. 969.
(2) *Mercier de la Rivière*. — Ordre naturel..., ch. III, p. 465.
(3) *Le Trosne*. — Intérêt social, ch. VIII, § 9, p. 1007.

le demandent pas. Il ne leur faut que le prix du cours général. S'ils ne peuvent à ce prix soutenir cette culture, si
l'étranger, malgré les frais de transport, est encore en état
de donner à meilleur compte, c'est une preuve évidente
que votre climat y est moins propre qu'un autre. En ce cas
vous ferez mieux d'occuper votre terrain à d'autres cul-
tures. Vous n'avez d'autre chose à faire à cet égard que de
laisser toute liberté pour l'emploi des terres. Vous devez
aux consommateurs l'exercice du droit qu'ils ont de ne
payer cette production qu'à son vrai prix ; car vous ne devez
de préférence et de privilège ni aux producteurs, ni aux
consommateurs ; à tous la justice de leurs droits et l'emploi libre de leur propriété ». Tout ceci n'est que la seule
jouissance paisible de droits naturels. C'est donc de la liberté seule, et de son complément indispensable, la concurrence, que les Physiocrates attendent l'organisation de
l'ordre économique, l'adaptation de la production à la consommation, la vente au prix naturel, en un mot la réalisation du juste et de l'utile dans l'économie des sociétés.

DEUXIÈME PARTIE

Critique des Règlements en général.

L'exposé que nous avons fait de la doctrine des Physiocrates nous permet dès maintenant de savoir ce que sera leur théorie sur le commerce des grains. Le bonheur de la nation repose sur celui de la classe agricole ; développer la richesse des agriculteurs doit être le premier souci des gouvernements, et c'est par l'accroissement de la production qu'un tel résultat s'obtient. Cet accroissement ne peut avoir lieu que sous deux conditions : laisser au producteur toute latitude dans la direction de son exploitation, son intérêt personnel étant le meilleur stimulant pour lui faire adopter le procédé susceptible de donner les plus grands profits. Accorder la plus grande liberté aux transactions commerciales, parce que grâce à elle les produits trouvent un écoulement avantageux. Le producteur ne destine à sa consommation qu'une faible partie de sa récolte, il réserve le surplus pour l'échange. « L'homme cherche à produire plus qu'il ne consomme, parce qu'il sait que son excédent de production a une valeur vénale et un débit assuré. Supprimez ce prix ou ce débit, et cet excédent devra également disparaître. Cela montre comment la consommation est la mesure de la reproduction, on voit bien clairement dans quel sens on doit entendre que le commerce enrichit une nation ; il ne lui procure point lui-même un accroissement de richesse, mais il est pour elle une ressource qui lui permet de les augmenter par la culture (1). » ⸺

Plus le nombre des échangistes sera grand, plus grande sera la demande de produits agricoles, et plus hauts par conséquent seront leurs prix. Liberté du travail et liberté du commerce sont donc deux conditions indispensables au progrès économique. Elles sont d'ailleurs toutes deux de droit naturel, découlant du droit de propriété. La propriété individuelle et foncière implique la libre disposition des moyens d'action et de l'aménagement du sol, la propriété mobilière implique : pour le vendeur, le droit de tirer de sa marchandise toute la valeur qu'elle est susceptible d'avoir; pour l'acheteur, le droit de ne la payer qu'au prix le plus avantageux, c'est-à-dire le plus bas. Toute mesure restrictive violera le droit de l'une des parties, faussant le prix régulier, ce qui sera un vol à l'égard de celui contre qui la mesure se retournera.

Tel était l'effet des privilèges, aussi les Physiocrates les combattent-ils avec la dernière vigueur. « C'est dans les temps d'ignorance et de barbarie, écrit l'abbé Baudeau, qu'ont pris naissance les privilèges exclusifs » et à propos du droit de travailler dont on avait fait un droit royal il

(1) Encyclopédie économique. Article commerce. Ephéméride du citoyen, 1771, IX, p. 93.

dit : « Cette maxime est absurde en spéculation et destructive dans la pratique ; la plus odieuse aux âmes honnêtes qu'ait jamais inventée l'esprit de domination et de rapine. La raison dit au contraire que travailler de son mieux est le devoir de tous, que profiter du fruit de son travail est le droit de tous, que protéger les travaux et garantir à chacun le fruit de ses peines, c'est le devoir et le travail des princes, et que leur droit est de recueillir aussi eux-mêmes le fruit de ce travail en recevant une portion des richesses annuellement renaissantes et disponibles de la nation » (1). « En considérant les privilèges en général, écrit un autre auteur (2), soit de particulier à particulier, soit de province à province, soit de nation à nation, la raison démontre qu'ils sont une injustice, et tout ce qui est injuste ne peut être sage.

M. de Chavannes (3), dans son discours sur la liberté du commerce des grains, soutient la même opinion. Sous le privilège, dit-il, qu'est ce qui dicte l'emploi des capitaux? C'est le plus grand profit éventuel. Les privilèges ont pour résultat de détourner les capitaux de leur emploi ordinaire vers l'emploi favorisé, c'est-à-dire de faire faire des choses qui, par elles-mêmes, sont moins avantageuses que celles qui peuvent s'en passer. « Les faveurs ne sont nécessaires que pour ce qui ne mérite pas d'être

(1) *Baudeau*. — Avis au peuple sur son premier besoin (Eph. 1768, tome IV, pp. 175-177).

(2) Lettre de M. K... pour la concurrence du fret dans les transports maritimes (Journal de l'agriculture, du commerce et des finances, septembre 1766, p. 51).

(3) Discours de M. de C... sur la liberté du commerce des graines. (Ephémérides, 1769. X).

favorisé et elles se font aux dépens de ce qui mériterait mieux de l'être. » L'État doit à tous les commerces en général, non à quelques-uns en particulier. Il ne doit user des faveurs que passagèrement et dans des cas exceptionnels où le salut public exige qu'on agisse ainsi ; alors on sacrifie une partie pour sauver l'autre, « telle, l'opération d'un propriétaire qui, lorsque le feu est à sa maison, jette les meubles par la fenêtre. Il peut avoir raison de le faire alors pour en conserver quelques-uns, mais dans toute autre circonstance, il ne pourrait pas avoir d'opération plus ruineuse ».

Le principe du privilège étant ruiné, il s'en prend à l'application. Malgré toute leur bonne volonté, les rois surchargés par le poids des affaires s'exposent, en usant des règlements, à défendre ou ordonner à contretemps. Pour éviter cet inconvénient il y a un moyen bien simple, « c'est de ne jamais décider arbitrairement, de ne vouloir que ce que la nature des choses prescrit, et ce qu'elle ferait toute seule. C'est de n'ordonner rien que la paix et la conservation des droits de propriété, de ne défendre que le vol et la violence ». On épargnerait aussi une foule de règlements qui « s'ils sont bons, sont inutiles comme ordre à la rivière de couler, et s'ils sont mauvais sont désastreux comme la digue qui barre la rivière et lui ferait inonder le territoire ». Avec la liberté le gouvernement se décharge d'une lourde responsabilité, « car il est bien plus responsable des maux qu'il fait par des institutions arbitraires, que de ceux qu'il ne peut empêcher ou prévenir en laissant aller les choses suivant le cours naturel » (1).

(1) Lettre du Parlement de Dauphiné au roi, sur la lib. du com. des graines (Eph. 1769, II, 143).

Quel avantage y aurait-il d'ailleurs à intervenir, puisque la liberté amène le maximum d'avantages possibles. « L'usage simple de la propriété, écrit Morellet, ne peut jamais être contre l'intérêt général. Celui-ci est au contraire que chaque citoyen fasse de sa propriété l'usage le plus varié, le plus étendu, le plus illimité, pourvu qu'il soit borné à sa seule chose, à sa seule personne. C'est de cette activité et de cette liberté de chaque individu que résulte le bien général » (1).

C'est d'après leur doctrine générale que les économistes condamnaient les privilèges et les règlements. Pour justifier l'intervention du gouvernement, leurs adversaires essaieront de ruiner cette doctrine. « La source de ces erreurs, dit Forbonnais, vient du tableau économique, dont le vice dominant est de sacrifier partout la vérité locale aux calculs spéculatifs. » Il critique leur théorie de l'état de nature, état très beau et très désirable, « mais comme la chose n'est ni sera jamais, on raisonne toujours faussement quand les suppositions se font d'après cette chimère. Il arrive de là qu'on donne des paradoxes pour des principes prouvés » (2).

En ce qui concerne la liberté, Forbonnais distingue entre la liberté naturelle et la liberté civile. La première n'a pour bornes que les forces de l'individu, la deuxième est limitée par la volonté générale. En rentrant dans la société, l'homme a renoncé à sa liberté naturelle pour ne conserver que sa liberté civile, « il s'est privé dans cet

______

(1) *Abbé Morellet*. — Réfutation des Dialogues sur le commerce des blés, pp. 109 et 110.

(2) *Forbonnais*. — Principes et observations économiques (Journal de l'agricult., du com. et des fin., juin 1767, pp. 4 et 5).

état de plusieurs avantages qu'il tenait de la nature, mais il en a gagné de si grands qu'il doit bénir sans cesse l'instant heureux qui l'arracha pour jamais de l'état de nature, et qui d'un animal stupide et borné fit un être intelligent et un homme » (1). Contrairement aux affirmations des Physiocrates qui prétendent que la plénitude de propriété suppose la plénitude de liberté, Forbonnais admet une liberté civile et une liberté politique, la première étant enchaînée par l'autre, ce qui restreint nécessairement le droit de propriété. « C'est d'une partie de ses biens et de sa liberté qu'on achète le précieux avantage d'en conserver l'autre partie sous l'administration des lois civiles.» Il résulte de là que le gouvernement a le droit d'accorder des privilèges et de faire des règlements.

Les Physiocrates maintiendront énergiquement leurs affirmations sur la plénitude du droit de propriété et de la liberté qui en résulte (2). Bien loin de porter atteinte à ces droits naturels, la société n'a été créée que pour les consacrer, « pour assurer réciproquement aux hommes le concours de leurs forces réunies, la jouissance de leurs droits naturels dont les premiers sont la liberté et la propriété ». Toute association entre les hommes a commencé par une convention formelle ou tacite de respecter dans chaque individu ces droits, sans l'exercice desquels aucune société ne pourrait vivre. On ne nomma un souverain que du jour où des inégalités résultant de

____

(1) *Forbonnais*. — Critique de l'ordre essentiel et naturel des sociétés politiques (Journ. de l'agricul., du comm. et de fin., septembre 1767, 119-120 et octobre.

(2) Objections et réponses sur le commerce des grains (Eph. 1769, I, 115 à 118).

la multiplication des hommes et des richesses mirent ces droits en danger. Dès lors, « le titre primordial et fondamental de la souveraineté est donc le maintien, la protection et la conservation des droits de tous... il exclut le pouvoir de gêner le travail et d'interdire ou restreindre le commerce, car cette gêne, cette interdiction, ces restrictions attenteraient aux droits imprescriptibles de l'homme et du citoyen ». Ainsi, conclut l'auteur, Dieu ne peut avoir donné au souverain ce pouvoir contraire au droit qu'il a donné aux hommes. Ce ne peut être la société, car elle n'a ni pu ni voulu stipuler contre les droits de ses membres. Cette autorité ne leur appartient donc pas, « le droit, la justice et la raison la leur refusent, et je dirai même leur intérêt, car en l'exerçant ils se nuisent à eux-mêmes ».

Le Parlement de Dauphiné (1), dans sa lettre au roi, écrit que la seule limite au droit de propriété est la propriété d'autrui. La loi ne peut intervenir que pour faire exécuter les contrats, pour en rendre l'engagement inviolable, mais elle ne peut ni ne doit en régler les conditions, en limiter le prix, en déterminer les clauses. La liberté seule permet de respecter les droits réciproques du vendeur et de l'acheteur. On propose des règlements pour protéger l'acheteur, parce qu'il semble que le prix est à la volonté du vendeur. Rien de plus faux ; il est en réalité donné par la concurrence.

Grâce à elle il y a un concours entre acheteurs et vendeurs dont chacun cherche à se faire donner la préférence, « laquelle est accordée par l'acheteur au vendeur le moins exigeant, et par le vendeur à l'acheteur le plus offrant,

----

(1) Lettre du Parlement de Dauphiné, *op. cit* (Eph. 1779, VII, 130-132).

d'où suit une conséquence infaillible, que tous les vendeurs doivent mettre leur marchandise au rabais, et tous les acheteurs la mettre à l'enchère » (1). La justice réclame donc que les conditions des deux parties soient égales, c'est-à-dire libres.

Etendue au commerce extérieur la libre concurrence écarte les dangers pouvant résulter de la rareté ou de l'abondance (2). La première ruine les acheteurs parce que le renchérissement qu'elle produit n'augmente pas sa faculté de payer, la seconde ruine les vendeurs et ramène bientôt la rareté parce qu'on cesse d'être vendeur dès qu'au lieu de profits on y trouve de la perte. La concurrence supplée à notre insuffisance dans la rareté et complète notre débit dans la surabondance.

Les Physiocrates appuieront sur l'étude des faits ces déductions théoriques. Prenant dans leur détail les mesures réglementaires, ils montreront qu'elles sont contraires à l'intérêt général, injustes et ruineuses pour les parties. C'était une œuvre essentiellement utile et humanitaire qu'ils entreprenaient, car la misère des campagnes, que Vauban et Boisguilbert nous ont montrée si affreuse, n'avait fait qu'augmenter.

Dupont (3) remarque que le laboureur, ruiné par la politique suivie et manquant de capitaux, se cantonne dans la plus faible culture et envoit ses enfants à la ville. La terre sans valeur, les impôts impayés, tout annonçait une famine prochaine et sans remède, car on n'aurait pu, faute d'argent, s'approvisionner à l'étranger.

(1) *Ibid*, p. 134.
(2) *Vauvilliers*, — Intérêt général de l'État (Eph. 1770, II, 185-187).
(3) *Dupont*. — Observations sur les effets de la liberté du commerce des graines (Eph. 1770, VI, 48).

Comment aurait-il pu en arriver autrement, avec ces pratiques dont Condorcet (1) nous a tracé une critique acerbe dans le tableau suivant : L'incendie et la grêle avaient ruiné un fermier déjà accablé par les impôts toujours aggravés par les exemptions des riches. Ayant beaucoup de fèves, il s'avisa de les vendre pour en tirer de l'argent. « Elles furent confisquées, et pour se les faire rendre il lui en coûta plus que leur valeur. Comme il n'avait pas recueilli de blé, il en acheta d'un de ses voisins. Un juge le sut, il était alors défendu d'acheter ailleurs qu'au marché, et notre laboureur fut trop heureux d'en être quitte pour perdre son blé. Il alla donc au marché acheter d'autre blé et de l'avoine. Il se proposait de l'emporter, mais on lui saisit le tout, et on le condamna à l'amende parce qu'il était, disait-on, interdit aux fermiers d'acheter au marché. Il ne lui restait qu'un petit écu, que j'achète du moins quelques pains pour mes enfants, s'écriait-il en pleurant, et il va chez un boulanger, mais on l'arrête à la porte de la ville. Il était défendu, lui dit-on encore, d'exporter du pain, et comme il n'a plus de quoi payer l'amende on le mène en prison.

« Sorti de prison, il retrouve sa femme et ses enfants en larmes. Le fermier voisin, qui était riche, avait racheté sa corvée ce qui augmentait de moitié celle du pauvre laboureur. Il fallait aller travailler à quatre lieues. Il court trouver l'ingénieur. Monsieur, lui répond l'homme aux jalons, j'ai toujours observé que plus l'on travaille loin de chez soi, mieux on travaille. Comme cela est beaucoup plus coûteux et surtout plus pénible, on est pressé de finir.

____

(1) *Condorcet.* — Lettre d'un laboureur de Picardie à M. N..., auteur prohibitif à Paris, 1775, pp. 9-10-11.

J'ai donc pour principe général de faire travailler les gens le plus loin de leur village qu'il m'est possible. Le laboureur se plaignit de cette maxime générale, on lui dit qu'il était un mutin. Ses chevaux moururent, sa corvée ne fut point faite, et il fut condamné à l'amende et à la prison pour lui apprendre à être plus docile. »

Cette critique qu'on pourrait croire l'œuvre d'un esprit prévenu était malheureusement trop exacte. Dans sa *Diatribe à l'auteur des Ephémérides*, Voltaire (1) relève les mêmes abus, constatant qu'en France les laboureurs n'ont été heureux que deux fois, sous Julien le Philosophe et sous Henri IV. « C'est à un payen et à un huguenot que nous devons les seuls beaux jours dont nous ayons jamais joui jusqu'au siècle de Louis XIV. »

Il raille spirituellement l'absurde sévérité des règlements sur le commerce des blés. « Je suis laboureur, dit-il, et cet objet me regarde. J'ai environ quatre-vingts personnes à nourrir. Ma grange est à trois lieues de la ville la plus prochaine, je suis obligé quelquefois d'acheter du froment parce que mon terrain n'est pas si fertile que celui de l'Egypte et de la Sicile.

« Un jour un greffier me dit : « Allez-vous-en à trois lieues payer chèrement au marché de mauvais blé. Prenez des commis un acquit à caution ; et si vous le perdez en chemin, le premier sbire qui vous rencontrera sera en droit de saisir votre nourriture, vos chevaux, votre femme, votre personne, vos enfants. Si vous faites quelques difficultés sur cette proposition, sachez qu'à vingt lieues il est un coupe-gorge qu'on appelle juridiction ; on

____

(1) *Voltaire*. — OEuvres complètes, édit. Garnier. t. XXIX, pp. 159-170.

vous y traînera, vous serez condamné à marcher à pied jusqu'à Toulon où vous pourrez labourer à loisir la Méditerranée.

« Je pris d'abord ce discours instructif pour une froide raillerie. C'était pourtant la vérité pure. « Quoi ! dis-je, j'aurai rassemblé des colons pour cultiver avec moi la terre et je ne pourrai acheter librement du blé pour les nourrir, eux et ma famille ! Et je ne pourrai en vendre à mon voisin quand j'en aurai de superflu !

— Non, il faut que vous et votre voisin creviez vos chevaux pour courir pendant six lieues.

— Eh! dites-moi, je vous prie, j'ai des pommes de terre et des châtaignes, avec lesquelles on fait du pain excellent pour ceux qui ont un bon estomac : ne puis-je pas en vendre à mon voisin sans que ce coupe-gorge dont vous m'avez parlé m'envoie aux galères ?

— Oui.

— Pourquoi, s'il vous plait, cette énorme différence entre mes châtaignes et mon blé ?

— Je n'en sais rien. C'est peut-être parce que les charançons mangent le blé et ne mangent point les châtaignes.

— Voilà une bien mauvaise raison.

— He bien ! si vous en voulez une meilleure, c'est parce que le blé est d'une nécessité première et que les châtaignes ne sont que d'une nécessité seconde.

— Cette raison est encore plus mauvaise. Plus une denrée est nécessaire, plus le commerce doit en être facile. Si l'on vendait le feu et l'eau, il devrait être permis de les importer et de les exporter d'un bout de la France à l'autre.

— Je vous ai dit les choses comme elles sont, me dit enfin le greffier, allez vous en plaindre au contrôleur général ; c'est un homme d'église et un jurisconsulte, il connaît les lois divines et les lois humaines, vous aurez double satisfaction (1). »

Appréciant plus loin les édits de Turgot sur la liberté du commerce des grains, Voltaire s'écriera : « Voilà la première fois chez nous qu'un roi a raisonné avec son peuple ; l'humanité tenait la plume, et le roi a signé. »

Voilà quels abus les Physiocrates voulaient faire disparaître, ils appuyaient leur critique sur des exemples, citaient l'Angleterre et la Hollande, pays moins fertiles cependant que le nôtre, et qui vivaient dans la prospérité avec la liberté, alors qne la France prohibitive manquait de tout.

Dans deux écrits publiés quelques années avant eux, Herbert (2) avait commencé la lutte. L'esprit de critique est le même ainsi que le but poursuivi, aussi citerons-nous Herbert au même titre que les économistes. Il a été moins loin qu'eux cependant, car si à l'intérieur il est partisan de la plus entière liberté commerciale, il a cru devoir faire des réserves en ce qui concerne le commerce extérieur pour lequel il propose des droits protecteurs. Est-ce par conviction, est-ce une concession qu'il a cru devoir faire transitoirement au préjugé dominant de l'époque ? On ne peut se prononcer, mais s'il avait vécu assez pour con-

____

(1) Allusion à l'abbé Terray.

(2) Ces deux ouvrages sont : Essai sur la police générale des graines, paru sans nom d'auteur, à Berlin, 1755. — Observation sur la liberté du commerce des grains. Sans nom d'auteur, Amsterdam, 1759, avec l'épigraphe : « qui seminat in lacrymis, in exultatione metet ».

naître les écrits des Physiocrates et voir les premiers essais
de liberté, tout porte à croire qu'il se serait joint aux économistes pour demander l'entière liberté du commerce des
grains.

En entrant en lutte contre les privilèges et règlements,
les Physiocrates ne se dissimulaient pas la difficulté de
leur entreprise et les obstacles qu'ils auraient à surmon-
ter. Deux puissants ennemis se dressaient devant eux :
Les bénéficiaires du système réglementaire qui tiraient
de sa pratique une source de profits certains et énormes.
C'était leur ruine qu'on demandait avec la liberté, aussi
ne négligeront-ils rien pour la combattre. Il y avait aussi
le préjugé populaire, respectueux de l'ordre établi, ennemi
de toute innovation dans la crainte qu'elle n'aggravât sa
situation déjà si précaire, crainte soigneusement entretenue d'ailleurs par des menées intéressées. « Je ne nie
pas que la majorité soit du même avis que vous, dit Le
Trosne à un adversaire, et cela ne m'étonne pas, car la
majorité n'entend rien à cette science toute nouvelle. La
plupart des nations pratiquent et pratiqueront encore
longtemps vos principes, parce que l'erreur elle-même,
quand elle est devenue habitude, est difficile à arracher (1). »

Sans s'inquiéter du nombre de leurs adversaires et de
leur puissance, les Physiocrates entrent résolument en
lutte, confiants dans la valeur de la bonne cause qu'ils
défendent. La vérité, disent-ils, n'a besoin que de temps
pour se faire entendre et de liberté pour s'expliquer. Son
triomphe, retardé peut être, ne peut manquer d'arriver, et

____

(1) *Le Trosne.* — Réponse à M. Girard de Quimper-Corentin
(Journal de l'ag., du com et des finances, novembre 1769, pp. 52 et 53.

Le. Trosne, qui développe ce principe, rappelle cette phrase d'un auteur ancien : « Veritas claudi et ligari potest, vinci non potest, quia suorum paucitate contenta est, et multitudine hostium non terretur » (1).

« Qu'importe, s'écrie Mirabeau dans son éloge de Quesnay, que dans le moment même où l'Europe entière se réveille à la voix de la vérité, écoute, croit ou du moins doute et cherche à connaître et à s'instruire, quelques enfants perdus de la frivolité et de l'envie et peut-être quelques émissaires du monopole et de la corruption tentent de les (2) ridiculiser ou les calomnier. Tout roule, tout obéit à l'impulsion primitive qu'il reçut de la nature. Les premiers rayons de la lumière subite excitent les cris et les sifflements des sinistres oiseaux des ténèbres, surtout quand son éclat se montre et s'élève au milieu de leurs repaires habituels. Mais en vain ces hideux ennemis font voler une nuée d'ordures et de poussière, en vain quelques-uns d'entre eux plus hardis semblent chercher le flambeau et le défier à l'attaque, où le grand jour luit une fois il faut que les ombres se dissipent, que les fantômes de toute espèce décroissent et disparaissent, et que leurs fauteurs téméraires périssent et sèchent dans leurs trous » (3).

Pour ses défenseurs, le triomphe de la liberté du commerce des grains n'est donc pas douteux. Le meilleur moyen d'en hâter la réalisation, c'est d'en montrer les avantages en ruinant les arguments que lui opposent ses adversaires. Afin que le débat soit plus efficace, ils veulent

____

(1) *Le Trosne.* — Util. des discussions économiques (même Journal, juillet 1766, p. 36).

(2) « Les Économistes ».

(3) *Mirabeau.* — Éloge de Quesnay (Éph. 1775, I, 197).

lui donner toute l'étendue et toute la publicité qu'ils pourront. Une matière si importante, disent-ils, doit être livrée au public, et ils sont persuadés, ainsi que l'avait dit Herbert, « qu'on a souvent besoin du suffrage des peuples pour concourir au bien général, et il s'opère plus aisément quand il est plus connu » (1). La conscience des citoyens fait la principale force de la loi, dit un auteur ; une loi, quoique juste, est blâmée et violée si sa justice n'est pas manifeste (2).

Désireux de faire la pleine lumière, les économistes invitent tous ceux qui pourraient penser autrement qu'eux à faire connaître leur opinion. « C'est un grand crime, dit l'un d'eux (3), dans une circonstance où il s'agit de l'intérêt de la patrie, d'agir et parler dans les cercles d'après son préjugé sans vouloir s'éclaircir de bonne foi dans une discussion publique ; et les honnêtes gens qui tombent dans cette faute se font, sans le savoir, les complices et les fauteurs de cette race pernicieuse qui vit de monopole et d'intrigue, qui ne fonde ses projets d'opulence que sur la ruine publique. « Abjurer ses opinions ou les éclaircir, il n'est point de milieu pour ceux qui ont une conscience, et qui ne veulent pas la charger d'un reproche aussi odieux que celui de coopérer au plus grand mal qu'on puisse faire à l'État. » Les Parlements du Midi, dans leurs lettres au roi, le prient de leur faire connaître les argu-

(1) *Herbert.* — Essai sur la police générale des grains. Avertissement, p. 10.

(2) Lettre de M. G... à un magistrat, sur les discussions relatives à la liberté du commerce des grains (Éph.. 1768, VIII, 86).

(3) Avertissement sur la lettre de M. B... à M..., sur l'entière liberté du commerce des grains (Éph. 1767, VIII, 102-106).

ments qu'on invoque contre la liberté afin qu'ils puissent les réfuter. « On dit que les magistrats du Parlement sont adversaires de la liberté, écrit M. G... (1), pourquoi ne font-ils pas connaître leur façon de voir comme le leur commande le patriotisme? Il ne suffit pas de faire connaître en cette matière le résultat de leurs délibérations, il faut les motiver. »

Tous les auteurs parlent ainsi. Si quelqu'un connaît un meilleur moyen d'assurer le bien public, dit Dupont, qu'il le dise et le démontre en se nommant « car les amis du peuple ne doivent pas craindre d'être connus, non plus que d'être éclairés par la discussion quand ils se trompent (2). »

Un fait montrera leur bonne foi et leur honnêteté dans la discussion. Quand Necker publia son livre sur la législation et le commerce des grains, le censeur Cadet de Senneville avertit qu'il pourrait nuire à la cause de la liberté du commerce des blés. Turgot ne voulut pas cependant en empêcher la publication, restant ainsi fidèle aux idées de l'école, lui qui avait toujours soutenu que la seule liberté de discussion peut assurer le triomphe de la vérité (3).

Leurs adversaires n'avaient pas le même amour de la lumière. « Les partisans des gênes et prohibitions, dit justement Morellet dans sa réfutation des dialogues de Galiani, se sont contentés de parler sans écrire, et d'agir

---

(1) Lettre de M. G... à un magistrat, *op. cit.*

(2) *Dupont.* — Observation sur les effets de la liberté du commerce des graines (Eph. 1770, VI, 136).

(3) *Afanassiev.* — Le commerce des grains en France au XVIIIe siècle, p. 390.

sans parler, deux moyens excellents pour arrêter les progrès des vérités les plus intéressantes, deux écueils contre lesquels les livres échouent. » Au lieu de provoquer comme les Physiocrates la critique de leurs adversaires politiques, ils cherchent à l'étouffer en poursuivant les écrits en faveur de la liberté. La « diatribe à l'auteur des Ephémérides » provoqua chez eux le plus vif mécontentement ; sur rapport du garde des sceaux Miromesnil, l'arrêt du Conseil du 18 août 1775 en ordonne la suppression « comme scandaleuse et calomnieuse, contraire à la religion et à ses ministres ». Quelques extraits de cet opuscule ayant été publiés dans le *Mercure* d'août, le même arrêt révoque de ses fonctions le censeur Louvel qui avait donné son approbation au cahier du journal qui contenait cet extrait.

Un grand amour de la vérité, une entière bonne foi dans la discussion, tel est l'esprit qui domine toute l'œuvre des Physiocrates. Visant toujours un résultat pratique, ils font passer avant le leur l'intérêt de la nation et le bonheur de leurs concitoyens, résumant toutes leurs tentatives dans ce beau vers de Phèdre : « Nisi utile est quod facimus, stulta est gloria. »

Critique des Règlements sur le commerce des grains.

En émettant leurs principes économiques, les Physio-

crates démontrent l'injustice et l'absurdité des règlements.
Si cette argumentation était assez solide à leur point de
vue, ils sentaient bien qu'elle ne pouvait avoir grand poids
vis-à-vis des autres, de ceux qui n'admettaient pas leur
doctrine ou dont l'instruction n'était pas assez complète
pour la comprendre. Comme c'est la masse du peuple tout
entière qu'ils veulent convaincre, et que celle-ci indiffé-
rente aux spéculations théoriques, ne prend intérêt qu'aux
discussions pratiques substituant, ou plutôt ajoutant les
faits aux principes, ils entreprennent une étude détaillée
du système réglementaire, prenant à part chaque mesure
restrictive ou prohibitive pour en faire ressortir les défauts et les mauvais effets. Pour les suivre dans cette critique nous examinerons successivement le commerce intérieur et le commerce extérieur.

CHAPITRE PREMIER

COMMERCE INTÉRIEUR

Très nombreux et très touffus, les règlements sur cette
matière embrassent toutes les opérations faites sur les
grains. La profession commerciale, les marchés et les
transactions, la circulation intérieure, autant de points
sur lesquels l'autorité exerce son contrôle.

SECTION I — LES MARCHANDS

Leurs droits et leurs devoirs étaient déterminés en détail

par plusieurs ordonnances qui restent en vigueur jusqu'à la déclaration du 25 mai 1763 (1). L'article 1er de l'ordonnance du 31 août 1699 exigeait de quiconque voulait faire le commerce des grains une déclaration faite aux officiers de justice royale dans l'étendue desquels ils résident. Ceux-ci donnaient autorisation de faire le commerce s'ils le jugeaient bon, après avoir exigé prestation de serment. Les actes constatant cette autorisation devaient être enregistrés au greffe des dites justices, et porter les noms, surnoms, demeures et magasins de l'intéressé. Toutes formalités obligatoires « à peine de confiscation, 50 livres d'amende, et d'être incapables de faire le trafic et marchandise de grains ».

L'article 5 défendait le commerce à certaines catégories de personnes, « laboureurs, gentilshommes, officiers, receveurs et fermiers des droits, commis aux recettes, caissiers et tous autres intéressés au maniement des finances ». à cette liste déjà longue, il faut ajouter les meuniers et boulangers.

Si quelques-unes de ces exceptions se comprennent, la plupart, notamment les deux dernières, sont bien anormales. On craignait que la situation spéciale des intéressés ne les poussât à faire de gros achats afin de réaliser un monopole et obliger le peuple à leur acheter le pain et la farine. On craignait encore que le meunier pouvant moudre pour son compte, ne veuille plus moudre pour le paysan qui devra échanger son grain contre de la farine. Crainte

(1) Citons en quatre principales : Du 4 février 1567. Du 24 novembre 1577. Du 31 août 1699. Du 9 avril 1723. La seconde et la dernière copient la première. En fait, elles subsisteront après la déclaration de 1763, beaucoup de parlements ayant refusé l'enregistrement de celle-ci.

vaine diront les Physiocrates ; le meunier moudra pour son compte pendant l'hiver alors qu'il a beaucoup d'eau, et ne refusera pas le bénéfice que lui vaudra la mouture à façon (1).

L'article 8 de la même ordonnance défend aux marchands se s'associer, à moins dit l'article 9, d'en passer actes écrits, lesquels devront être enregistrés dans un mois au plus tard après leur date. L'article 10 leur défend les achats énarrhements de blés en vert, sur pied et avant la récolte, à peine de confiscation, retrait de commerce, amende de 3.000 livres et punition corporelle s'il y échoit.

Une fois autorisés les marchands étaient tenus d'assurer l'approvisionnement des villes où ils avaient leur résidence, et restaient soumis aux règles générales sur la police des marchés. Ils ne pouvaient vendre ni acheter ailleurs qu'au marché, et encore dans ceux situés au delà du cercle d'interdiction ; et sur le marché même, qu'à de certaines heures déterminées, les zones d'interdiction étaient très nombreuses. Par un privilège exceptionnel les marchands de la capitale exclus de la seule zone de Paris pouvaient acheter sur toutes les autres, et même hors du marché. Mais sitôt achetés les grains devaient être expédiés sans retard ni arrêt sur la ville « sans qu'ils puissent mettre en greniers et magasins, ni vendre par les chemins, ni délier les sacs sous quelque prétexte que ce soit », portait un arrêt du Parlement du 19 août 1661 (2).

Pour profiter des mêmes avantages, les marchands de

____

(1) Objections et réponses contre la liberté du commerce des grains. (Éph. 1769, I, 9ᵉ objection).

(2) Archives nationales. AD XI, 37. Cité par Afanassiev, *ouv. cité*, p. 94.

province se faisaient souvent passer pour leurs fondés de
pouvoir. Bien des villes avaient une compagnie de marchands créée en titre privilégié et à nombre fixe. Citons
notamment, et parce qu'elle fit quelque bruit, celle de Rouen
qui comprenait 112 membres. Elle fut créée par les édits
de 1692-1693 et dura jusqu'à celui de juin 1775 enregistré
le 23 juin par le Parlement de Rouen. Ce seront là les grands
ennemis de la liberté.

On comprend quelle gêne cet état de choses devait produire, aussi y-a t-il fort peu de négociants. Là où il existait une compagnie privilégiée, celui qui aurait voulu faire
le commerce des grains ne pouvait rentrer dans ces corpo-
rations fermées. Ailleurs les formalités exigées et le mépris du public détournaient d'une profession si strictement
réglementée et universellement déconsidérée. Il répugnait à
un homme jouissant d'une situation honorable et d'une certaine fortune de se conformer aux formalités de l'inscription, toujours ennuyeuses, souvent indiscrètes.

Le pouvoir royal avait si bien senti cet inconvénient que
la déclaration de 1699, qui renouvelait à cet égard les
anciens règlements, exceptait nommément de toute
inspection les négociants qui importeraient ou exporte-
raient des grains.

Le commerce veut être libre dans ses opérations, et certain dans la conduite qu'il a à suivre, et c'est justice puisque
c'est sa fortune qu'il expose en travaillant. L'ancien régime ne lui donnait aucune de ces garanties. Gêné dans ses
transactions, il se perdait au milieu d'une législation touffue, souvent contradictoire, dangereuse à tel point que
Turgot a pu dire avec raison : « Les règlements sont un
glaive toujours levé avec lequel les magistrats peuvent frapper, ruiner, déshonorer à leur gré tout négociant qui leur

aurait déplu, ou que les préjugés populaires leur auraient dénoncés » (1).

Quant au mépris général pour les marchands de grains, le xviii° siècle le professait pour tous les négociants, mais plus spécialement pour ceux-ci, qu'il appelait monopoleurs. Or il suffit d'avoir lu les ouvrages de l'époque pour comprendre tout ce que ce nom contenait de haine et de mépris. Et peut-être le peuple n'avait-il pas tout à fait tort. Nous avons vu que les honnêtes gens hésitaient à embrasser cette profession qui devenait le refuge des hommes peu scrupuleux. « Si le commerce des grains est celui où il y a le plus de fraudes, dit le Parlement du Dauphiné, c'est que jusque-là les gènes en ont détourné les honnètes gens » (2). Puis, comme l'écrit Morellet, « n'ayant vu pratiquer en grand le commerce des blés que par monopole pendant plus d'un siècle et demi, l'idée de monopoleur et celle de marchand de blé s'étaient identifiées dans sa tète. On lui a dit que les négociants étaient cause de la famine et il l'a cru » (3).

Cette façon de penser n'était d'ailleurs pas spéciale au peuple, et voici ce que nous trouvons dans un article des Éphémérides du citoyen, journal de Quesnay et de ses disciples. La citation est un peu longue, mais peint bien l'état d'esprit de l'époque. L'auteur parle « des agents et courtiers des échanges, connus et préconisés depuis sous le nom de commerçants, sorte d'industrie composée de vigilance et d'activité hasardeuse, excellemment utile aux hommes dans les sociétés à mesure qu'elles se compliquent et

<hr>

(1) *Turgot.* — OEuvres II, 243.
(2) Lettre du Parlement de Dauphiné au roi (Éph. 1769, VII, 205.)
(3) *Morellet.* — Réfutation des dialogues de Gal. (ouv. cité), p. 122.

s'étendent, utile aux sociétés entre elles, utile à l'humanité entière enfin par la communication des valeurs ; industrie néanmoins dont le principe institutif voisin de la subtilité, sorte de rapine insidieuse qui s'exerce sur la simplicité et la bonne foi, a besoin d'être sans cesse surveillée et réprimée (1). »

L'auteur ajoute bien que dans l'ordre naturel la concurrence seule suffit à cette répression, mais la critique n'en reste pas moins. La haine pour le marchand de grains restera jusqu'à la Révolution. En 1775, Condorcet écrit (2) : « Le peuple déteste les marchands de grains qu'il appelle monopoleurs, comme il déteste les financiers qu'il appelle maltôtiers, et les marchands d'argent qu'il appelle usuriers. » Ce préjugé ne disparaît que pour les deux derniers. Il signale comme une cause de cette haine persistante les chanteurs populaires, « colporteurs d'histoires inventées pour rendre les hommes imbéciles et méchants », qui parcourent les campagnes en chantant des complaintes où on voit des fermiers avides et cruels pour les pauvres, des négociants escamotant le blé pour produire la famine.

Aussi l'ancien régime interdit-il toujours le négoce aux classes élevées. « Reconnaissons, est-il dit dans un article du *Journal économique* (3), que la noblesse, consacrée aux armes, et la magistrature, sont des états trop élevés au dessus du commerce pour qu'il ne soit pas contre le bon ordre de les exciter à s'en mêler..... L'avidité, trop soutenue par des soins mal partagés, ruinerait l'homme de

---

(1) Restauration de l'ordre légal (Éph. 1768, V. 35-36).

(2) *Condorcet*. — Lettre d'un laboureur de Picardie, ouv. cité, pp. 19 et suivantes.

(3) Journal économique, septembre 1755, pp. 114 et 115.

guerre ou le détournerait entièrement du service en avilissant ses sentiments, et son aiguillon empoisonné corromprait le magistrat. » Dans le même esprit est écrit le passage suivant : « Les deux édits (il s'agit de ceux de 1763 et 1764) permettent le commerce à toute personne de quelque condition et qualité qu'elle soit; mais ces termes sont relatifs aux défenses précédentes, et ce serait insulter à la sagesse et bonté du prince que de penser que son intention a été de permettre à la noblesse, à la magistrature et au clergé de faire le commerce des blés. Il est au dessous des mains de rendre au corps le service des pieds, et, quelle que soit l'opinion que les négociants, que les gros marchands aient d'eux-mêmes, de quelque faste qu'ils se décorent, il demeurera toujours constant en France que le négoce et la marchandise sont affectés aux dernières classes des citoyens qui, n'ayant ni fortune ni talent, trouvent dans l'achat et la vente le moyen de subsister et de s'enrichir (1). »

L'autorité, est-il dit ailleurs (2), ne veut pas trop pousser la noblesse dans le commerce, de crainte qu'elle ne prenne « l'esprit de lésine et d'intérêt ». Il n'y est déjà que trop depuis qu'elle a pris le parti de s'allier à la finance. On craint que ce défaut ne lui ôte « ce noble désintéressement qui la faisait distinguer autrefois autant que ses actions héroïques ». Comme elle tient le premier rang et occupe les premières places, elle donne le ton. Si on gâte ses mœurs, la corruption passera dans toute la nation. Son

(1) Critique des Dialogues de Galiani. Journ. écon., février 1770, p. 73.

(2) Causes de la décadence du comm, et de l'agr., Journ. écon. février 1764, p. 265.

esprit de grandeur et de munificence disparaîtra si on l'élève dans l'esprit de commerce et d'économie pour entasser richesse sur richesse.

Voilà pourquoi l'accès de la profession commerciale était rendu très difficile. Si maintenant on veut savoir pourquoi des réglementations si strictes en ce qui concerne l'exercice, nous répondrons que c'était par crainte du monopole. C'est la raison qu'invoquent les édits dans leurs préambules, et toutes les autres mesures réglementaires feront de même pour se justifier.

On se figurait que, laissés à leur libre initiative, les marchands ne manqueraient pas de s'entendre pour enlever les produits et les revendre à des prix exagérés. Avec les formalités de l'inscription, ces desseins deviennent impossibles. On a peu de commerçants, et ils sont faciles à surveiller. D'ailleurs, comme on ne voyait en eux que des intermédiaires coûteux, leur suppression ne pouvait que profiter aux échangistes. Il n'y a en effet que deux sortes d'hommes essentiels au commerce : le premier, vendeur, et le dernier acheteur consommateur. Les intermédiaires ne font que vivre aux dépens d'eux. « Plus l'eau a de canaux à traverser, plus il s'en dépense pour les humecter. Il en est de même du commerce. La multiplicité des mains par lesquelles il passe le diminue en raison du nombre des intermédiaires. S'il était possible que tous les objets de consommation passassent directement de la main du cultivateur et du fabricant au consommateur, le commerce serait bien plus étendu et bien plus profitable, et il n'y aurait ni négociant ni revendeur (1). »

____

(1) Principes sur le commerce. Journ. de l'ag., du com. et des Fin. décembre 1765, p. 18.

Ce sont là les véritables raisons qui ont dicté la politique réglementaire, non pas comme le dit le *Journal économique* (1), la difficulté qu'il y a à faire du commerce et les connaissances que cela exige.

Pour suppléer au trop petit nombre de commerçants, le pouvoir royal avait recours à des commissionnaires chargés de parer aux éventualités des années peu fructueuses. C'était un système ruineux pour l'État, ainsi que le montreront les Physiocrates. Et cependant, poussé par les ennemis du pouvoir, le peuple accusera le roi de vouloir spéculer sur la famine en s'associant à des compagnies d'approvisionnement. C'est ainsi que prendra naissance la fameuse légende du Pacte de Famine qui fut un des facteurs les plus actifs de la Révolution française.

Fidèles à leurs principes, les Physiocrates réagissent contre ces réglementations et travaillent à réhabiliter le commerce. Déjà Herbert avait écrit dans son *Essai sur la police générale des grains :* « Chaque profession devient plus ou moins utile et honnête à proportion de la faveur ou du mépris qui se répand sur elle..... Celles qui n'ont pas besoin de distinction pour être recherchées s'élèvent d'elles-mêmes par l'espoir du gain, pourvu que la loi les mette en sûreté et ne les rende point odieuses. C'est elle qui dirige les sentiments et les occupations des sujets. » Et plus loin il ajoute : « Ce n'est ni par persuasion ni par force que l'on peut faire naître des marchands, c'est par l'appât seul du bénéfice. Si cette espérance est bornée, elle

____

(1) Sentiments sur l'essai sur la police générale des grains. Journ. écon., sept. 1755, p. 122.

n'agit que faiblement et pour un temps seulement, et nous n'aurons que peu de marchands (1). »

De leur côté les Économistes se demandent pourquoi le commerce des grains, qui est le plus utile, est cependant le moins honoré. La cause en est sensible répondent-ils. Le commerce de luxe est honoré parce qu'il est précieux aux grands. On méprise le commerce de première nécessité parce qu'il est compromis avec le peuple. « Je ne comprends pas, écrit l'abbé Baudeau, comment un auteur fameux a pu dire « que les négociants de blé sont les ennemis du peuple, parce que leur désir est qu'il y ait disette puisque c'est le temps de leur profit. En ce cas tous les hommes sont ennemis du peuple, car leur intérêt est qu'on ait besoin de leurs services. Les avocats et procureurs réclament des procès, le médecin des malades. Les bons négociants en grains et farines n'ont pas besoin de désirer les mauvaises années. Elles ne sont que trop infaillibles, et leur état est fondé sur cette nécessité. Le but de cet état est d'en prévenir les suites (2).

On s'élève contre les marchands de grains parce qu'ils font des bénéfices, mais n'en est-il pas de même des autres marchands? et cependant personne ne songe à les taxer d'avarice. Et les Physiocrates réhabilitent le commerce en général. « Pourquoi d'ailleurs ne considère-t-on pas, toutes proportions gardées, celui qui vend autant que celui qui donne. Le besoin met le prix au service du commerce comme au bienfait de la charité (3). »

(1) *Herbert*. — Essai sur la police générale des grains, pp. 44 et 180.

(2) *Baudeau*. — Lettres sur le com. des grains. Éph. 1775, 1, 64.

(3) Du marchand de grains. Journ de l'ag., du com. et des fin., décembre 1773, p. 7.

Le commerçant n'ajoute aucune valeur à la marchandise, mais il économise du travail au vendeur et à l'acheteur. Le mal actuel vient de ce que le secours est fourni par des hommes sans pudeur. Si vous voulez que des gens de bien s'appliquent à une profession, honorez-la, e. ne menacez pas la fortune de ceux qui l'embrassent. S'il fallait, dit un auteur (1), au prix du service ajouter le mérite du travail, à quelle classe de négociants le marchand de blé le cède-t-il? Quelle est celle en effet qui exige tant de connaissances et présente tant de dangers? Les Physiocrates demandent pour eux des distinctions et des récompenses proposant de créer des classes supplémentaires pour commerçants, manufacturiers, négociants, afin de retenir les fils dans la profession des pères. Ils conseillent aux classes hautes de commencer à donner l'exemple du respect des négociants, car les classes basses sont imitatrices (2).

Ce n'est pas tout d'honorer une profession pour y attirer des adeptes, il faut aussi leur donner confiance. Celle-ci ne peut résulter que de la plus entière liberté. Liberté d'accès, c'est-à-dire abolition des formalités d'inscription et de contrôle qui obligent le titulaire à mêler un tiers à ses affaires, à faire connaître sa situation pécuniaire, et le dénoncent à la jalousie de ses concurrents. Liberté d'exercice, c'est-à-dire faculté pour le commerçant de diriger ses opérations comme bon lui semble à ses risques et périls. Sera commerçant qui voudra et chacun agira au mieux de ses intérêts. Plus d'obligation d'acheter dans des lieux,

----

(1) Du marchand de grains (cité). Journ. de l'agr., du com., et des fin., décembre 1773, p. 7.

(2) Observations sur le commerce. J. A. C. F., 1768 décembre.

jours, heures déterminés, qui faisaient connaître les prix d'après lesquels les négociants traitaient; plus de ces autorisations courtes, sujettes à non renouvellement et à suspension arbitraire, qui font que l'intéressé n'ose entreprendre des opérations un peu longues.

Quant aux craintes des réglementateurs, les Physiocrates montrent qu'elles sont vaines. La liberté porte avec elle un principe plus juste et plus efficace que les règlements, principe contre lequel le monopole et les bénéfices exagérés ne peuvent se maintenir. C'est la concurrence. Malgré la liberté, le grand nombre des commerçants fera obstacle à une entente dans le but de former monopole, et la compétition qui naîtra entre eux les obligera à maintenir les prix à un taux raisonnable. « Leur intérêt est d'accroître le profit aux dépens de la consommation et de la production. La concurrence les force à chercher cet avantage dans la diminution des frais (1) ».

Le gouvernement n'aura plus à prendre des commissionnaires pour approvisionner les provinces disetteuses, car la perspective d'un profit à réaliser suffira pour y attirer le commerce privé. Et les Physiocrates montraient dans ces approvisionnements là supériorité et l'économie du commerce libre sur les commissionnaires royaux et marchands privilégiés.

Ceux-ci formaient trois classes : Les commissionnaires royaux proprement dits chargés d'acheter au nom du roi et de revendre dans les provinces disetteuses, spéculant avec l'argent fourni par le trésor, et touchant des bénéfices énormes, 2 0/0 aux achats, 2 0/0 à la vente. Comme leur fortune n'était pas en jeu, on comprend que l'éco-

(1) Restauration de l'ordre légal. Éph. 1768, V, p. 36.

nomie n'était pas leur règle. Plus ils achetaient cher, plus leur traitement augmentait. Une autre source de profits résultait pour eux des fraudes nombreuses et faciles à commettre, presque impossibles à constater, et d'ailleurs favorisées très souvent par des contrôleurs peu scrupuleux dont la complaisance était d'autant plus certaine qu'elle n'était pas gratuite. Mentionnons aussi les gains provenant du change et résultant de ce que, achetant à terme, ils étaient payés au comptant.

Une seconde catégorie de commissionnaires comprenait ceux qui, moyennant une gratification du gouvernement, s'engageaient à approvisionner une province disetteuse. Un privilège d'importation leur était accordé, ce qui leur constituait un monopole avec lequel ils réalisaient des bénéfices scandaleux. La concurrence était nulle et la cherté soutenue par de secrets manèges, et ainsi que le fait remarquer le Parlement de Dauphiné dans sa lettre au roi, « la province se trouvait affamée et rançonnée par ses prétendus libérateurs » (1).

Dans la troisième catégorie, on trouve les compagnies privilégiées de marchands comprenant un nombre de membres déterminé. Leur privilège constituait un véritable monopole, et quand le commerce privé voulut entrer en lutte avec eux, ils surent bien l'en faire repentir. L'abbé Roubaud (2) nous montre comment les marchands privilégiés de Dieppe surent écarter toute concurrence. Un commerçant nommé Jean avait osé faire entrer du blé dans le port. Ils l'engagent à le leur céder, lui offrant plus de bénéfice qu'il ne pouvait en attendre d'une vente publique.

(1) Lettre du Parlement de Dauphiné au roi. Éph. 1769, VIII, 198.
(2) *Roubaud*. — Représentations aux magistrats.

Il refuse. Alors ils baissent insensiblement le prix de leurs grains, vendant à perte, afin de le forcer à baisser ses prix et le punir de sa témérité, voulant aussi apprendre à tous les autres négociants qu'une semblable concurrence serait leur ruine.

A ces privilégiés, les Physiocrates opposent le négociant libre qui, trafiquant avec ses propres fonds et à ses risques, vise continuellement l'économie, se contentant d'un petit bénéfice de crainte de se voir supplanter par un rival. Il n'a pas besoin de primes pour l'encourager à approvisionner les endroits dépourvus de grains, la seule perspective d'un bénéfice plus gros à réaliser suffit pour l'y attirer. Mais ils reconnaissent que pour que ce commerce puisse se développer, il faut faire disparaître les privilégiés. Achetant avec les fonds du Trésor ou subventionnés par lui, favorisés dans leurs achats et leurs ventes, ceux-ci avaient sur le commerce libre une supériorité incontestable. C'était la faillite à brève échéance que trouvait l'audacieux osant affronter leur concurrence. Les partisans des règlements craignent que la liberté ne produise le monopole ; et le régime qu'ils soutiennent n'est qu'un monopole permanent et organisé.

Logiques avec eux-mêmes et conséquents avec leurs principes de liberté absolue, ils ne veulent accorder aucun privilège aux regnicoles sur les étrangers. Le commerce n'étant qu'un service payé par le propriétaire et ne produisant rien par lui-même, il est indifférent de savoir par qui il est fait, pourvu qu'il le soit bien, et il serait absurde de vouloir donner sur cela une préférence aux nationaux aux dépens de la nation et de la classe productive. « De même que les particuliers, les nations ne doivent avoir de prédilection que pour ceux qui les servent à meilleur compte et doivent être bien aises de voir un grand nombre de gens leur offrir leurs services (1). »

SECTION II. — LES MARCHÉS.

Les règlements sur cette matière visaient trois points : l'approvisionnement des marchés ; la police des marchés ; des règlements spéciaux s'occupaient de l'approvisionnement de la capitale.

§ 1er. — Approvisionnement des marchés.

. Les mesures prises à l'égard des négociants ne pouvaient suffire et c'est le marché lui-même que l'ancien régime réglementait d'une façon tout aussi sévère. Deux points étaient à considérer : faire conduire au marché une quantité suffisante de marchandises dont on surveillait ensuite la vente. La première préoccupation était satisfaite par les règlements sur l'approvisionnement des marchés.

La récolte faite, la dîme, les redevances seigneuriales et les impôts payés, le laboureur n'était pas maître de ce qui lui restait. Les règlements déterminent ce qu'il peut garder pour sa nourriture. « Il faut que la faim se mesure sur les règlements de police » (2). Le reste doit être

(1) Encyclopédie économique : article concurrence (Éph. 1771, XI, 130).

(2) Lettre du Parlement de Dauphiné au roi (Éph. 1760, VII, 148).

vendu, mais cette vente n'est pas libre. En vertu d'anciennes coutumes et de lois plus modernes, le cultivateur est obligé d'envoyer son blé au marché de la ville, et ce marché lui-même n'est pas laissé à son choix. Les règlements lui dictent encore sa conduite. Tel centre doit être nourri avec le blé récolté dans tel arrondissement, c'est dans cette ville seule que la vente peut avoir lieu, et encore on fixera quel jour, sur quelle place, à quelle heure, par quelle quantité, et à quel prix elle doit être faite.

Cette réglementation remontait très loin. On citait pour la justifier l'ordonnance de 1350 qui dit que les blés se vendront à Paris aux Halles, et oblige à les y porter. Celle de Cléry (1482) défend aux marchands de faire achat de blé par amas et provision, sinon en plein marché. Jusque là le cultivateur n'était pas inquiété ; mais elle va plus loin, défendant la vente chez soi entre voisins, obligeant l'un et l'autre d'aller au marché pour consommer une vente déjà conclue, d'y apporter les grains et les rapporter.

Puis on défend de porter au marché un simple essai ou montre, il fallut exposer le blé en nature et en totalité : « Le 28 février 1531 François Ier fit défense que nul, de quelque état et condition qu'il soit, ne puisse, ne lui loise vendre bleds, ni aussi les acheter ailleurs, ni autre part qu'esdits marchés » (1). Cette mesure fut rapportée quatre ans plus tard (3 février 1535), le roi déclarant qu'il n'avait usé de ce remède extrême qu'à cause de la disette, et reconnaît qu'il en résultait grosse perte de temps pour le cultivateur.

______

(1). Lettre du Parlement de Provence. ouv. cité, p. 168,

Malgré cet aveu, les règlements de 1567 et 1577 reviennent à l'obligation de vendre au marché, enjoignant au cultivateur « de transporter des grains une fois par mois au marché public de la ville ». Puis chaque administrateur, chaque officier de police voulut se distinguer dans son district, et ils se firent un mérite auprès du peuple de lui procurer sa subsistance à bon compte (1). Abolies par Henri IV et Sully, ces mesures sont reprises par l'ordonnance de 1629, maintenues et aggravées par les ordonnances et règlements successifs.

Il y avait à cette politique plusieurs raisons. Celle-ci d'abord que nous trouvons dans une lettre de l'intendant d'Orléans, M. de Bouville, au contrôleur général (lettre du 17 juillet 1694) (1). « Je suis persuadé que des défenses de vendre les grains ailleurs que dans les marchés de la province seraient très utiles, parce que la quantité qui s'y en trouvera en fera diminuer le prix, vu qu'on ne pourra le vendre ailleurs, au lieu que le laissant vendre dans les maisons, c'est-à-dire les chasteaux et métairies, les blatiers sont obligés de s'en charger au prix qu'on y veut vendre et ne peuvent plus les donner à plus bas prix dans les marchés. » De plus, disait-on encore, la vente à domicile échappe aux inquisitions du ministère public, par conséquent permet, grâce à une quasi certitude d'impunité, de frauder les défenses d'exportation, et le pays pourrait se trouver ainsi dévasté de grains sans qu'on s'en soit aperçu.

La crainte de manquer de pain, voilà donc la vraie

(1) *Ibid.*
(2) *De Boislisle.* — Correspondance des contrôleurs généraux. I, n° 1350, d'après Afanassiev, ouv. cité, p. 3.

raison, et elle se comprend très bien étant données les idées de l'époque. La défiance à l'égard des laboureurs, et d'une façon générale à l'égard de tous ceux qui ont du grain, est toujours et partout en éveil. Leur avidité est proverbiale. De très bonne foi l'opinion publique s'imagine que sans l'intervention de la police l'approvisionnement des villes pourrait être sérieusement compromis. Les ordonnances sur les grains et la correspondance administrative représentent les agriculteurs et tous ceux qui par état ou par occasion s'occupent du commerce des blés, comme pénétrés d'une horreur instinctive pour le marché public et d'un désir secret d'affamer les habitants des villes ou du moins de les ruiner par une hausse sans mesure du prix qu'ils exigent (1).

Dans sa lettre des 11 et 27 décembre 1697, Dargenson, lieutenant général de police, écrit : « Les seigneurs des terres voisines et leurs fermiers n'envoient jamais leurs blés dans les marchés publics et s'étudient à n'ouvrir leurs greniers que dans les temps de la plus grande cherté. Ces fermiers ont sous eux certains émissaires qui sèment de mauvais bruits dans les marchés circonvoisins, et qui n'y font des achats de blé que pour en diminuer l'abondance et pour gagner sur la revente (2). » Dans sa lettre du 20 novembre 1698, il accuse les laboureurs et les communautés religieuses de faire des accaparements, ce qui, malgré l'abondance des blés, provoque une hausse des prix.

De Vaubourg, intendant de Franche-Comté, dit dans

____

(1) *Afanassiev.* — Ouvr. cité, pp. 24 et 25.
(2) *Afanassiev.* — Ouv. cité, p. 7.

une lettre du 23 novembre 1698 (1), que la cherté des blés provient de l'avarice des particuliers, « lesquels espèrent de le vendre beaucoup plus cher encore à Pâques. » De son côté, Linguet dans un article du *Journal économique*, tout en commandant « de respecter les granges du fermier honnête qui n'y resserre que le fruit de son travail », ne trouve pas assez de punitions pour ceux qui font des provisions. Il ne s'adresse « qu'à ces réceptacles ténébreux de l'intrigue et du crime, où des manœuvres secrètes ont fait couler sans bruit la subsistance d'une province. On ne va fouiller que dans ces tanières mystérieuses où l'avarice, comme les animaux carnassiers dont elle a les mœurs et l'allure, s'est dérobée avec son butin. C'est là qu'on la trouve pâle, inquiète, tourmentée de ses remords plus encore que de ses désirs, couchée sur ces sacs qu'elle s'est flattée de métamorphoser en or et interdite à l'aspect du jour qui pénètre dans son asyle... Marchez, pères du peuple, protecteurs du pauvre, combattez le monstre, arrachez-lui sa proie, ne soyez pas émus des hurlements qu'il jette à l'instant où la main de la justice le saisit. Ne le soyez pas de la fureur avec laquelle vous poursuivent tous ces insectes bruyants, accoutumés à vivre de ses restes, approbateurs intéressés d'une morale qu'ils pratiquent. Méprisez leurs vains efforts et n'en soyez ni moins fermes ni moins tranquilles sur la légitimité d'une expédition à laquelle tient le salut de vos compatriotes (2) ».

Étant donnée cette façon de voir, comment s'étonner de la rigueur des règlements. L'ordonnance du 21 no-

(1) *Ibid*, p. 8.
(2) *Linguet*. — Réponse aux docteurs modernes. Journ. écon. mars 1771, p. 134.

vembre 1577, restée théoriquement en vigueur jusqu'à la seconde moitié du xviii⁰ siècle, autorisait le propriétaire à garder son blé pendant deux ans, mais on pouvait l'obliger à vendre en cas de besoin. En fait c'est ce qui arriva continuellement. Quand on nomma des commissaires pour surveiller l'approvisionnement des marchés, une ordonnance du roi du 7 mai 1709 (1) leur prescrivit de dresser un inventaire des approvisionnements. A cet effet, ils faisaient des visites domiciliaires et devaient opérer avec une extrême rigueur. En cas d'absence du propriétaire ils pouvaient, s'ils le jugeaient à propos, forcer les portes des greniers. S'ils constataient une violation des règlements et des ordonnances, ils poursuivaient les infracteurs ou même, si l'affaire était importante, les retenaient en prison.

Ces commissaires répartissaient les marchés entre les cultivateurs, fixant à chacun d'eux les quantités qu'ils devaient fournir et les dates des fournitures. A la moindre hausse on faisait vider les magasins, ce qui explique l'état précaire du commerce.

Quant au cultivateur, il est facile de comprendre la gêne qui en résultait pour lui. Sans parler de l'ennui des visites domiciliaires qui le mettaient à la merci de commissaires généralement durs et peu scrupuleux, ils se voyaient obligés, lorsque la récolte avait été insuffisante, d'acheter pour conduire au marché. Comme d'autre part l'approvisionnement devait durer toute l'année, il ne pouvait porter qu'une petite quantité à la fois, ce qui faisait une grande perte de temps et des frais énormes.

Dans la « lettre critique d'un journalier et soldat à

—————

(1) *Afanassiev*. — Ouv. cité, pp. 3 à 5.

l'abbé Baudeau » (1), l'auteur calcule quels suppléments de frais les règlements d'approvisionnement occasionnent. Il évalue à 5 setiers la provision annuelle d'un journalier, laquelle doit être faite à cinq marchés différents. Voici un état des dépenses qu'il nous donne (2) :

1° Pour le journalier acheteur :

1 cheval pour 5 journées à 25 sols........	6 l.	5 s.
5 journées perdues à 12 sols............	3 l.	»
Total............	9 l.	5 s.

2° Pour le cultivateur vendeur :

1 cheval pour 5 journées à 25 sols........	6 l.	5 s.
5 journées à 1 livre....................	5 l.	»
Frais de halle à 3 sols par sac..........	»	15 s.
Total............	12 l.	»

Le total général des frais est de 21 livres 5 sols, ce qui donne 4 livres 5 sols par sac en frais supplémentaires. Quel est le petit marchand qui aurait osé demander une pareille rétribution ? Aussi bien avant les Physiocrates, des esprits éclairés et consciencieux s'étaient aperçus de toute l'étendue du mal. Nous avons vu les protestations de Vauban et Boisguilbert, citons-en une autre sortie du sein même de l'administration. Baville, intendant de Languedoc, écrit au contrôleur général que pour se conformer aux ordres reçus, il fait ouvrir les dépôts de grains, vendre ces grains au marché, et tenir un registre des quantités disponibles, mais il prend ces mesures à regret. « Je dis à regret,

(1) Éphémérides, 1775, I, 190-191.
(2) Éphémérides, 1775, I, 190-191.

ajoute-t-il, parce que je suis persuadé que cette contrainte augmente toujours le mal et la peur en pareil cas » (1).

Reprises par plusieurs auteurs, notamment par Herbert, ces idées finiront par prendre crédit, aussi le triomphe des partisans de la liberté sera relativement facile en ce qui concerne le commerce intérieur, tandis qu'ils ne pourront jamais convaincre les ennemis de l'exportation.

S'attaquant aux règlements d'approvisionnement les Physiocrates diront qu'ils sont injustes, ruineux et inutiles. Injustes car ils violent la liberté naturelle et le droit de propriété. On agit comme si le blé appartenait à tout le monde alors qu'il est la propriété exclusive de celui qui l'a fait venir. Du moment qu'on reconnaît la validité du droit de propriété, pourquoi ne le respecte-t-on pas dans ce cas particulier ? On veut augmenter le nombre des vendeurs de blés pour faire baisser les prix, mais ne devrait-on pas alors en honnête politique, faire augmenter le nombre des acheteurs et contraindre ceux-ci à porter leur argent au marché sans leur permettre de le remporter, les obligeant à acheter au troisième marché comme on force le vendeur. La monnaie des uns ne leur appartient pas plus que la récolte des autres, et il « est tout aussi vrai de dire que le cultivateur marchande l'argent de l'homme de ville, que de dire l'homme de ville marchande le blé » (2).

Le grain, disait-on, est le premier besoin, et nécessité n'a point de loi ; mais le besoin n'est pas un titre suffisant pour me faire enlever ce qui m'appartient. Avec une pareille théorie tout se justifie, et celui qui force un coffre-

(1) Arch. nat. G,, 1644, d'après Afanassiev, ouv. cité.
(2) *Baudeau*. — Lettres sur le com. des gr. (*op. cit.*).

fort ou vole une bourse peut dire qu'il agit par besoin (1).

Poussée à l'extrême, l'exécution des règlements d'approvisionnement aboutissait à des défenses révoltantes. On discutait aux laboureurs le droit de payer leurs ouvriers en blé, et aux curés celui de prêter chez eux du blé à leurs paroissiens pour les mettre en état d'attendre la récolte. C'était là, disait-on, des fraudes, des ventes simulées faites hors de marché contre l'esprit des règlements.

Nous avons vu par l'état des frais supplémentaires ce que coûtaient les règlements d'approvisionnement. L'obligation de ne vendre qu'au marché, dit l'abbé Baudeau (2), constitue un impôt très onéreux. Estimant la vente annuelle du blé à 24 millions de setiers et les frais inutiles imposés à l'acheteur et au vendeur, tant en paiement de droits de marché, frais de voitures, perte de temps, etc., à 15 sols par sac, ce qui paraît être plutôt au dessous de la vérité même pour les échangistes les plus favorisés, on a un total de surcharge s'élevant à 18 millions par an, presque ce que rapportait la gabelle du sel pourtant si lourde et si décriée.

On ne pensait en faisant ces lois qu'à l'ouvrier des villes, mais quel sort faisait-on à l'ouvrier de la campagne, l'obligeant d'aller quelquefois à trois lieues de chez lui et à des moments marqués, acheter argent comptant au marché du blé qu'il aurait pu acheter chez son voisin à toute heure, à meilleur compte, et souvent à crédit.

On croira peut-être que ces défauts, on dirait plus justement ces vices, des règlements étaient rachetés par une utilité vraiment démontrée. L'art de gouverner les peuples

(1) Entière liberté du com. des grains. Éph. 1767, VII.
(2) *Baudeau*. — Lettres sur le com. des gr. (*op. cit.*).

n'étant pas toujours chose facile, le législateur doit quelquefois faire fléchir la stricte justice devant l'utilité, et en fin de compte le mal est à moitié pardonné quand la majorité de la nation y trouve son bénéfice. Les Physiocrates démontrent qu'il n'y a rien de pareil dans cette matière, et que c'est tout le contraire qui se présente. Ne se contentant pas d'être inutiles, les règlements vont même à l'encontre du but poursuivi.

Si l'on permet au cultivateur de vendre son grain à domicile, disaient les réglementateurs, les marchés seront dépourvus de grains. Le consommateur sera alors obligé de courir la campagne pour chercher « non seulement un propriétaire de blé, mais encore ceux qui seront disposés à vendre, et encore entre ces derniers ceux qui consentiront à se déranger pour de petits objets. » La perte de temps que cela leur nécessitera sera bien plus grande que celle nécessaire au cultivateur pour conduire son grain au marché. Celui-ci verra ainsi s'accroître l'avantage déjà si grand qu'il a sur le consommateur. Faute de se déranger lui-même l'acheteur pourra bien recourir au marchand, mais celui-ci en profitera pour faire payer très cher un service qu'il voit indispensable (1).

Les économistes font d'abord remarquer que l'achat se faisant beaucoup à domicile, le marché n'aura pas besoin d'une si grande quantité de marchandise. Qu'importe la fourniture du marché pourvu que tout le monde ait du pain. Que demande-t-on? procurer du blé à ceux qui en ont besoin, du moment que ce résultat est obtenu qu'importe le moyen employé. Ne vaut-il pas mieux le laisser au choix des parties, ce qui décharge le gouvernement d'une lourde

____

(1) *Necker*. — Législation et commerce des grains, pp. 308-309.

responsabilité. On voit aussi l'injustice de la règle qui défend le transport en droiture de la maison du producteur
ou du marchand à celle du consommateur qui a traité
librement ou volontairement.

Cependant, malgré les règlements, c'est à peine si les
marchés sont approvisionnés. N'est-ce pas une preuve de
la faiblesse du système qui doit employer tant de rigueur
pour tirer un si petit résultat ? On craint qu'avec la liberté les riches fermiers ne s'entendent pour ne pas vendre et
spéculer sur la hausse. Les Physiocrates montrent que
c'est là un danger imaginaire. Mieux que toutes les lois
l'appât du gain suffit à attirer la marchandise. D'ailleurs
la plupart des producteurs sont obligés de vendre parce
qu'il leur faut de l'argent pour payer leurs impôts, leurs
ouvriers, et maintenir leur exploitation. Quelques propriétaires riches voudront peut-être spéculer, mais ce ne sera
que l'exception, et d'ailleurs ils ne le feront qu'en année
abondante, alors que les prix sont très bas et qu'on compte
sur une récolte suivante moindre ; mais ainsi leur spéculation sera utile puisqu'elle forme une réserve pour les
mauvaises années, et s'ils en tirent un bon bénéfice ce
sera le juste payement des risques qu'ils auront courus.

Il est d'ailleurs bien difficile de faire respecter les règlements d'approvisionnement. Le laboureur qui a manqué
le marché peut avoir été retenu chez lui par la maladie ou
des travaux exceptionnels. Comment apprécier la validité
des excuses qu'il invoque ? C'est le libre champ ouvert à
l'arbitraire ; on tombe dans l'inapplication de la loi ou sa
sévérité exagérée.

On craint que le fermier ayant plus à gagner avec la liberté reste à son travail et ne porte pas de grains au
marché ; mais le blatier, dont c'est la profession, servira

d'intermédiaire dans les transactions, prenant le blé du producteur et l'argent chez le consommateur. Tout le monde gagnera à cette façon d'opérer. On se récrie contre le manque de marchandise, mais c'est la faute des règlements qui, dans les années abondantes poussent le propriétaire à cacher sa récolte parce qu'on veut la lui voler, dans les années de disette empêchent l'importation. Celle-ci ne peut se faire qu'avec le commerce en gros ; l'instabilité des règlements et l'obligation des achats déterminés et en petite quantité l'empêchent de se développer.

Le commerce ne se hasarde jamais quand il peut craindre la police qui contraint à vendre, et le roi qui fait des approvisionnements ; et si malgré cela l'importation pouvait encore avoir lieu, « les défenses de faire vendre ailleurs qu'au marché auraient détourné les commerçants qui apportent ces secours, et qui cherchent le prompt débit de la vente, et l'épargne des frais de magasins et de manutention auxquels l'obligation de conduire en détail et par parcelles au marché les aurait assujettis » (1).

Dans son réquisitoire au siège de police d'Orléans, Le Trosne (2) montre comment l'obligation de ne vendre qu'au marché empêche la vente de la farine. « Là où il n'y a pas de marché couvert la farine s'avarie à l'humidité, au vent, et est difficile à mesurer sans grande perte. » Cependant l'achat de farine est plus économique que celui du grain, parce qu'on bénéficie des avantages de la mouture en gros,

---

(1) Arrêt du Conseil d'État du 19 février 1770, cassant celui du Parlement de Bordeaux, obligeant le Limousin et le Périgord à approvisionner les marchés (Éph. 1770, IV, 213).

(2) *Le Trosne*. — Réquisitoire au siège de police d'Orléans (Éph. 1771, IV, 173-178).

et qu'on en peut choisir la qualité. La vente journalière
offre plus de commodités pour les petites bourses.

Qui donc, s'écrie l'abbé Baudeau (1), voudrait encore
dire en présence de tous ces maux qu'il faut garnir les
marchés? « Ce mot est le Mont-Joie Saint-Denis de l'armée monopoliste. » Ils savent bien que c'est avec ces règlements qu'ils arriveront à être maîtres de la place. « Les
honnêtes gens ne connaissent pas le fond de leur pensée,
et séduits par l'apparence philanthropique de leur doctrine, ils répètent qu'il faut garnir les marchés, croyant
que c'est le seul moyen d'amener à bon marché la subsistance du pauvre peuple des villes. Mais bien que notre
proposition paraisse un paradoxe cruel, nous répétons,
il ne faut pas garnir les marchés. Les âmes justes et
sensibles se révoltent à cette idée qui pour eux représente la disette et les pauvres journaliers morts de
faim, mais n'est-ce pas la faute de leur imagination qui
va trop vite? » Et dans ses avis au peuple (2), le même
auteur voudrait voir appliquer en France cette loi de l'empereur Xun qui fut, dit-il, une des causes de la prospérité
de la Chine, et qui « défend sous peine de mort, à tout
administrateur de ville et de province, de détourner un
seul cultivateur de ses travaux, sous quelque prétexte que
ce soit. » Le remède aurait été un peu excessif, mais les
ennuis continuels qu'avait à supporter le cultivateur excu-
sent cette exagération.

<hr>

(1) *Baudeau.* — Lettre sur le commerce des grains (Éph. 1775,
I, 30-31).

(2) *Baudeau.* — Avis au peuple sur son premier besoin (Éph. 1768,
V, 121).

§ 2. — Police des marchés.

Sous cette rubrique nous étudierons les règlements concernant les foires et marchés. On donne le nom de foire à une « réunion publique à époque fixe, en un lieu déterminé, dont le but principal est de faciliter les transactions commerciales, en réunissant sur un même point les intérêts les plus divers et en rapprochant l'offre et la demande ». « Les marchés ne sont en général que de petites foires, aux intérêts plus circonscrits, et qui ont surtout pour but l'approvisionnement direct des consommateurs en produits alimentaires (1). »

Rendre service aux coéchangistes, tel paraît être d'après ces définitions le mobile qui préside à l'établissement des foires et marchés. Chacun étant le meilleur juge de son intérêt personnel, il semble qu'on doit laisser aux parties le soin de régler librement leurs transactions commerciales. La justice et l'intérêt public sont, croyons-nous, en ce sens. Ce ne fut pas l'opinion de l'ancien régime qui, au nom de ces mêmes principes de justice et d'intérêt public, fit toute une série de règlements sur les marchés.

Pure hypocrisie que ces allégations diront les Physiocrates. Jamais les adversaires de la liberté ne se sont préoccupés du bien public. La vraie origine de leur politique, c'est qu'elle prépare une infinité de règlements emportant chacun création d'offices dont on a vendu les charges, de formalités qui font les revenus des droits

_____

(1) *Léon Say et Chailley.* — Dictionnaire d'Ec. polit.. article Foires et Marchés.

d'amendes, de confiscation, etc... Et les bénéficiaires de ces lucratives sinécures ainsi que leurs associés, voyant leurs intérêts menacés par la liberté, se soulèvent contre elle. Ce pactole bienfaisant que les réglementateurs craignent de voir tarir a pour source les règlements sur la police des marchés et sur leur circulation intérieure.

Toute une série d'ordonnances étaient consacrées à fixer l'ouverture des transactions sur les marchés et les ports. Depuis Pâques jusqu'à la Saint-Rémy, la vente commençait à Paris à 8 heures du matin, et à 9 heures de la Saint-Rémy à Pâques (1). Même procédé était suivi pour les grands marchés provinciaux, dont des ordonnances déterminaient aussi les jours et heures de vente.

Une fois ouvert, le marché n'était pas librement accessible à tous les acheteurs indifféremment. En général le commencement était réservé aux particuliers, c'est-à-dire, ceux qui n'étaient ni boulangers ni négociants. On permettait ensuite les achats aux boulangers, parce qu'ils étaient destinés à la nourriture des bourgeois de l'endroit. Les négociants n'étaient admis qu'en dernier lieu, parce que comme leurs achats étaient destinés à la nourriture des habitants des autres villes, on croyait juste que ceux de l'endroit fussent d'abord approvisionnés. A Paris les négociants n'avaient pas le droit de paraître au marché, ni de s'y faire représenter avant midi, non plus que de s'entretenir avant à la grille avec les vendeurs, par crainte qu'il n'y eût une entente pour décider une vente qui serait ensuite validée.

Comme il était à craindre de leur voir enlever de trop gran-

_____

(1) *Delamarre.* — Traité de la police, II, p. 81. Cité par Afanassiev, ouv. cité, p. 71.

des quantités à la fois, l'ordonnance de décembre 1672 (1)
limitait leurs achats à deux setiers. Les boulangers n'ayant
pas assez pour leur vente achetaient en banlieue, car le commerce extra-muros était libre, mais comme cela nuisait à l'approvisionnement de la ville, l'ordonnance du 8 janvier 1612
prescrivit une limite de 8 lieues tout autour de la capitale
où les achats seraient défendus. Cette zone d'interdiction
fut ensuite augmentée pour les négociants et dura jusqu'aux réformes de Turgot. Ce que nous avons dit pour
Paris existait pour toutes les autres villes du royaume.
Pour celles de quelque importance, le cercle de protection
était de deux lieues.

Quant au vendeur, il ne doit pas quitter sa marchandise, doit la décharger lui-même. Les règlements lui défendent sous de grosses peines d'employer aucun facteur
ni commissionnaire. Obligé de venir au marché en personne, il ne peut se faire remplacer que par quelqu'un de
sa famille. Delamarre, dans son traité de la police, nous
donne la raison de ces gênes. Le vendeur, dit-il, pressé de
retourner à ses affaires, lâchera la main plus facilement et
vendra à meilleur marché. Il y aura pour l'acheteur économie de temps et d'argent (2).

Une fois sur le marché, la marchandise ne peut plus
être emportée. Quand un prix a été une fois demandé, le
vendeur n'a pas le droit d'en exiger un plus élevé (3), et

____

(1) *Afanassiev*. -- Ouv. cité, p. 74.

(2) *Delamarre*. — Traité de la police, II. 1069.

(3) « Un arrêt du Parlement du 23 août 1569 défend, sous peine
corporelle, d'enlever les grains entrés dans la ville (Paris). Deux
ordonnances de 1622, 1632 défendent d'acheter et faire sortir aucun
grain dans la distance de dix lieues, à peine de confiscation et

quand la marchandise est restée deux marchés sans être vendue, le propriétaire est obligé de la donner au troisième marché, au plus fort enchérisseur, quel que soit le prix offert (1).

Les droits de marché étaient aussi nombreux que variés et s'appelaient suivant les cas : hallage, étalage, mesurage, minage, roulage, lendé, havage (droit des pauvres). On les percevait en nature ou en argent, la plupart des deux manières. Leur quantum variait de $\frac{1}{144}$ (2/3 0/0) à $\frac{1}{24}$ (43 0/0). La proportion la plus fréquente semble avoir été de $\frac{1}{48}$, soit plus de 2 0/0 (2).

On voit que c'était une lourde charge pour les contractants.

Les droits étaient perçus par les officiers des marchés. Ceux-ci, très nombreux, avaient leurs fonctions strictement déterminées. Le mesureur, son rouleau à la main,

amendes arbitraires. » (Turgot, œuvres, II, 216). « L'ordonnance de police de 1635 confirmée par un édit de 1672, défend aux marchands qui ont commencé la vente d'un bateau de blé, d'en augmenter le prix, ainsi le marchand soumis aux hasards qui ont diminué les prix au commencement de sa vente, ne peut profiter de ceux qui avant la fin, peuvent rendre le prix plus avantageux. » (Turgot, œuvres, II, 217).

(1) L'origine de cette mesure remontait à une ordonnance de février 1415, renouvelée par un arrêt du 19 août 1661, lequel « défend de serrer ou d'ôter des sacs le blé ou farines arrivant par terre : de débarquer, de mettre en grenier ou magasin, ou même sous des bannes, les mêmes denrées arrivées par eau, en sorte que suivant le règlement, elles doivent demeurer exposées à l'air, à la pluie, et à l'humidité qui les corrompt. Le même arrêt défend de faire aucun amas de grains. » (Turgot, œuvres II, 216.)

(2) *Afanassiev.* — Ouv. cité.

vérifiait la bonne foi du mesurage, mais il ne versait pas
le blé dans la mesure et ensuite dans le sac. C'était l'affaire du porteur juré, l'ancêtre de nos forts des halles, qui
partageait avec le précédent le bénéfice de la manipula-
tion sur les grains. Le porteur était en outre chargé du
transport et de la garde, et responsable des marchandises
à lui confiées. Perçus sur place au début, ces droits furent pour la plupart, dans la suite, transportés aux bar-
rières des villes, ce qui fit qu'on ne distinguait plus la marchandise vendue de celle qui ne l'était pas, et qu'on les
confond souvent avec les droits de péage. On alla, ce qui
est contre leur nature, jusqu'à les exiger pour les marchandises vendues « dans les greniers, maisons, moulins
et autres lieux » (1).

Citons, comme autre pratique réglementaire, et non des
moins gênantes, la fixation du maximum. Delamarre constate que depuis Charlemagne on a essayé de taxer le blé
en disette, et que cela ne fit qu'aggraver le mal. Il cite
notamment l'ordonnance de Philippe le Bel, en 1304, qui
causa une privation si subite, qu'on fut obligé de la révo-
quer sur-le-champ (2). C'est aussi un des points qu'on
abandonnera tout d'abord. Necker s'en déclare tout
à fait adversaire : « On peut fixer, dit-il, le prix des billets
d'un spectacle, celui des ouvrages d'une manufacture
unique dans son genre, enfin celui de tous les objets dont
la concurrence n'est pas étendue, mais un milliard de blé
et un milliard de besoins ne peuvent jamais être soumis
à une pareille règle. Une telle règle est inexécutable et
empêcherait tout déplacement de grains (3).

(1) *Turgot.* — OEuvres, II, 188.
(2) Mémoire sur le com. des gr. (Journ. écon., février 1760, p. 65).
(3) *Necker*. – Législation et com. des grains, p. 312.

Pour justifier les règlements des marchés, leurs partisans avaient toujours recours aux mêmes arguments ; crainte des chertés et du monopole. Quelle utilité y aurait-il à faire garnir les marchés si les propriétaires ne voulaient pas vendre leur récolte? Ils porteront leurs grains à la ville, parce qu'ils auront peur des punitions, mais ils demanderont des prix si hauts que personne ne pourra acheter, ce qui équivaudra en fin de compte à un non approvisionnement.

Supposons ces craintes exagérées, mais il y en a d'autres à redouter. De gros spéculateurs feront des achats énormes, enlèveront toute la marchandise qu'ils revendront ensuite au prix qu'il leur plaira d'exiger. Voilà pourquoi, disait-on, il est indispensable de réglementer la vente et de maintenir les préséances entre acheteurs.

Quant aux droits prélevés, ils sont le paiement du service rendu. Il est juste de réclamer des droits de halle et de marché puisque des dépenses ont été faites pour faciliter l'exposition et la conservation des marchandises. Les officiers des marchés sont indispensables pour garantir la bonne foi dans les transactions, veillant à ce qu'il ne se livre que des produits de bonne qualité, et qu'on ne fraude pas sur les poids et mesures.

Craintes chimériques et raisons mensongères répondent les Physiocrates. On craint que le cultivateur ne veuille pas vendre, mais on a vu que par la force des choses, ce qui est une garantie bien préférable aux meilleurs règlements, il doit céder ses produits. On craint que quelques gros spéculateurs n'enlèvent la marchandise? Mais pourquoi à prix égal le cultivateur leur vendrait-il de préférence? L'argent des particuliers ne vaut-il pas le leur? Nous vous concédons même, poursuivent les Économistes, qu'on leur vende de préférence, quel mal y aurait-il? Vous craignez une hausse considérable des prix, et comme il faut manger tout de même, le consommateur payera le prix exigé, ce qui donnera de scandaleux profits aux spéculateurs? Qu'ils spéculent dans cette intention, cela n'est pas douteux, mais qu'ils puissent changer leurs désirs en réalités, c'est tout autre chose.

Vous oubliez que nous proposons l'entière liberté du commerce, et nous avons dit qu'avec elle, ce qui décide des échanges c'est la perspective du gain à réaliser. Les prix haussant sur le marché où agit la spéculation, tous ceux qui ont du blé disponible, libres désormais de le vendre où ils voudront, c'est-à-dire où on le leur paiera le plus cher, accourront en foule; l'offre augmentant, les prix retomberont au taux normal et les spéculateurs en seront pour leurs frais. On peut être certain qu'après une première épreuve ils n'auront pas envie de recommencer. La liberté n'aura donc fait courir aucun danger, et le vendeur tire de sa récolte tout ce qu'elle vaut. Cela est bien digne d'être pris en considération, car obliger quelqu'un à donner sa marchandise pour un prix inférieur à celui qu'il en peut tirer est un vol (1).

Les économistes montrent l'injustice des préséances entre acheteurs. En retardant l'achat des boulangers, on nuit à ceux qui leur achètent le pain. Or la majeure partie de cette clientèle est formée par la classe la plus besogneuse et la plus intéressante, travailleurs que le labeur quotidien empêche d'aller au marché, et que le défaut d'avances oblige à vivre au jour le jour.

Comment d'ailleurs surveiller la stricte application des

____

(1) Lettre sur les émeutes populaires (Ephéméride, 1768, XII, p. 76).

règlements ? Les marchands peuvent, et en réalité cela arrive souvent, charger des particuliers et des boulangers d'acheter pour eux. Très souvent aussi et malgré les défenses le commerçant arrhe la marchandise, c'est-à-dire l'achète avant l'entrée au marché, au propriétaire qui en demande des prix exagérés aux acheteurs privilégiés pour attendre l'arrivée des négociants. Il est d'ailleurs à peu près impossible de contrôler la quantité achetée par chaque marchand ou boulanger. Quant aux mesures prises pour éviter la fraude, elles deviennent inutiles avec la liberté ; la concurrence étant le meilleur remède qui leur puisse être appliqué (1).

Toutes ces mesures sont déplorables, et pour faire des marchés justes et naturels, il suffit, dit l'abbé Baudeau, « de ces quatre conditions que l'autorité ne doit jamais déranger : 1° Une denrée recueillie ; 2° Le désir de la vendre ; 3° Le désir de consommer ; 4° Le moyen de la payer... en résumé des producteurs qui ont à vendre, et des acheteurs qui ont de quoi payer (2) ».

Quant aux droits de halle, poids et mesures, etc... les Physiocrates reconnaissent qu'ils furent utiles et économiques au début (3), « il n'y a qu'un seul vice qui ait tout gâté, c'est le privilège exclusif et la contrainte. » On ne devrait les exiger que de ceux qui veulent user du service, et il faudrait la concurrence pour en faire baisser le taux généralement exagéré. Très honnêtes cependant, ils reconnaissent que pour ceux qui en sont régulièrement in-

(1) Objections et réponses sur le commerce des grains (Ephém. 1769, I, p. 87).

(2) *Baudeau.* — Avis au peuple, *op. cit.* (Eph, 1768. V, 137).

(3) *Ibid.*, p. 104.

vestis, le privilège est un droit de propriété dont on ne peut dépouiller le titulaire que sur payement d'une juste indemnité. Ils font appel à la générosité des seigneurs pour les adjurer d'abandonner leurs privilèges, leur démontrant que le bénéfice qu'ils en retirent, très faible depuis la baisse du taux de l'argent, serait largement compensé par la plus-value que cette mesure favorable à l'agriculture ne manquerait pas de donner à leurs revenus et fermages. Ils demandent qu'on ouvre un crédit pour racheter ceux qui ne seront pas cédés de bon gré ; et l'édit de 1763, premier triomphe de leur doctrine, portait que les taxes et droits intérieurs seraient supprimés, et que leurs titulaires recevraient dédommagement par le moyen d'une adjonction au vingtième.

Ils signalent de nombreux abus dans l'application de ces règlements, où des fautes très légères entraînent souvent les plus sévères répressions. Comme une des causes de cette rigueur ils donnent le procédé de perception par ferme. Les fermiers cherchent à faire rendre beaucoup sans s'occuper de la valeur morale des moyens employés. C'était encore de terribles adversaires que les partisans de la liberté trouvaient en eux, aussi ne leur épargnent-ils pas les attaques. Dans la lettre du fermier des droits de halle et marché de la ville de.... à son collègue le fermier des mêmes droits a..... (1), attribuée à l'abbé Baudeau, l'auteur cingle de sa mordante ironie les partisans des règlements et la rapacité des fermiers. Le fermier invite son confrère à se réjouir du retour à l'ancienne législation abolie par les édits de 1763, 1764, et à bénir « ces bons Messieurs

____

(1) Lettre du 1er novembre 1770 (Eph., volume extraordinaire, pp. 61-72).

de la politique de Paris de s'ètre donné tant de peine pour
abroger le nouveau système qui leur faisait tant de tort.»
Fixant les droits du 50ᵉ au 60ᵉ et évaluant le trafic des
grains, ventes et reventes, à 30 millions de setiers, on a
une recette de 500.000 setiers, qui, portés en moyenne et
à cause de la variété des grenailles à 12 livres chaque, donnent plus de 6 millions de livres auxquelles il faut joindre
les amendes et confiscations. C'est donc un gain annuel de
6 à 8 millions de livres à partager entre les fermiers du
royaume. La somme vaut bien un remerciement. L'auteur
fait remarquer ironiquement que répartie sur les propriétaires fermiers, ecclésiastiques, négociants, artisans, la
charge est faible, nullement gènante d'ailleurs, car chacun
hausse son prix de ce qu'il a payé, ce qui porte le prix du
blé de 18 à 23 livres. Mais la somme est facilement perçue,
et un impôt égal produirait beaucoup plus de gènes et de
troubles. « Ne nous amusons pas à politiquer, conclut-il ;
la police des marchés est bonne pour nous, cela nous suffit ; et il faut bien qu'elle soit également bonne pour le
peuple puisque Messieurs les juges de police se montrent
de toutes parts si zélés pour la maintenir, et que le gouvernement approuve leur zèle par son silence. 250.000 louis
d'or seront chaque année la récompense de nos soins, je
vous en souhaite une bonne part, j'espère que la mienne
ne sera pas la plus mauvaise. »

Ces droits, dit Turgot, détournent le commerçant d'apporter des grains au marché, « et en conséquence les y
font renchérir, non seulement à cause du droit lui-même
que le marchand doit retrouver sur le prix des denrées,
mais à cause de leur rareté qu'il y a occasionnée. » On peut
étendre à tous ces règlements en général ce qu'il disait de
ceux particuliers à la Ville de Paris, « on ne pourrait les

croire aussi absurdes qu'ils le sont, si on ne les avait sous
les yeux, ils le sont au point de ne pouvoir être exécutés ;
et s'ils étaient exécutés, réduiraient Paris à n'avoir de
subsistance que pour onze jours » (1).

Tout le monde ressentait la gène de ces droits et voyait
combien ils étaient coûteux, mais leurs défenseurs étaient
si puissants qu'on craignait de les attaquer. L'édit de
1763 proclamant la liberté du commerce à l'intérieur
n'osa pas les supprimer, il laisse subsister les officiers qui
les percevaient et avaient par suite intérêt à violer la
liberté, aussi fut-il toujours très mal exécuté.

§ 3. — Approvisionnement de Paris.

Dans ce fouillis réglementaire nous devons faire une
mention toute spéciale pour ce qui concerne l'approvisionnement des grandes villes, notamment Paris. C'était un
renchérissement sur la sévérité ordinaire, et cela était
obligatoire, étant données les raisons alléguées par leurs défenseurs. La disette était bien plus possible dans ces grands
centres où une population très dense se trouvait agglomé-
rée, ne pouvant compter pour sa nourriture que sur le
transport des grains, elle était bien plus à redouter étant
donnée la foule qu'elle pousserait à la révolte. Les quantités exigées étant bien plus fortes, la spéculation pouvait
s'y faire sur une très grande échelle et par conséquent le
monopole y était beaucoup plus facile. Une capitale immense, dit Necker, exige une surveillance et des opérations
de prudence toutes spéciales, et « c'est aux murs de Paris

(1) *Turgot.* — OEuvres, II, pp. 188, 276 et 243.

qu'échoueront toujours la liberté et l'indifférence sur les précautions en matière de subsistances ».

Nous avons vu les prérogatives accordées aux commerçants achetant pour l'approvisionnement de la capitale, les mesures prises pour retenir les grains produits ou transportés dans la zone d'approvisionnement. C'est pour l'alimentation des grands centres qu'on vante l'utilité des greniers d'abondance et qu'on fait emploi des commissions et des primes. De tout l'ancien système, c'est le point qui coûtera le plus à détruire, tant l'opinion publique est tenace à ce sujet. C'est pour l'approvisionnement de Paris que les premiers règlements avaient été faits, et on avait un saint respect pour ce monument considéré comme la sagesse des temps anciens, « fruit de la sagesse de nos pères éclairés par l'expérience » (1).

En proclamant la liberté intérieure, l'édit de 1763 n'osa pas en prononcer l'abolition, craignant de compromettre la subsistance de la capitale par l'essai d'une nouveauté; et pour conjurer les dangers que les nouveaux édits de 1763 et 1764 lui faisaient redouter, le gouvernement crut prudent de prendre des mesures spéciales, fondant en 1765 avec Malisset la fameuse compagnie des blés du roi chargée d'approvisionner Paris, et qui fit accuser le roi de spéculer sur les grains. Son premier fond de 40.000 setiers devait sans cesse se vendre pour l'approvisionnement de Paris et sans cesse se renouveler. La Compagnie s'engageait à vendre au prix courant, ne touchant aucune indemnité pour l'achat et peu de chose pour l'entretien.

____

(1) *Turgot.* — Œuvres. t. II, p. 246.

On lui donnait une somme fixe (24,000 livres par an), et elle avait la jouissance des moulins de Corbeil (1).

C'est l'approvisionnement de Paris qu'on fait tout spécialement valoir dans l'édit du 25 décembre 1770 rétablissant le régime antérieur. Et quand Turgot voulut revenir à la complète liberté par l'édit du 13 septembre 1774, il crut devoir prendre des ménagements sur ce point. Par égard sans doute pour Bertin qui lui en avait montré l'utilité, il se réserve dans ses lettres patentes du 2 novembre 1774 « de statuer incessamment par d'autres lettres patentes sur les règlements particuliers à la ville de

(1) Fait en 1765 et pour 12 ans, le traité fut résilié le 31 octobre 1768. C'est sur lui que repose la fameuse légende à laquelle nous avons fait plusieurs fois allusion. Elle accuse le roi d'avoir constitué, pour en partager les bénéfices, une compagnie de monopoleurs officiels qui voulait centraliser dans sa main et à son profit toutes les opérations sur les grains. Cette légende, peu goûtée à son époque, est qualifiée par Baudeau dans son avis aux honnêtes gens, de « méchante calomnie » « comme si le gouvernement pouvait faire quelque trafic sans y perdre. » Reprise et amplifiée par le Moniteur universel (articles des 14 et 15 septembre 1789), la légende du pacte de famine fut admise avec enthousiasme et devint une arme puissante pour les adversaires de l'ancien régime qui l'exploitèrent pendant longtemps. Historiens et littérateurs la reproduisent souvent, et Eugène Dair y fait allusion (*Turgot. œuvres*, note 5, p. 177) disant: « que la déclaration de 1763 n'avait été révoquée par l'abbé Terray, en 1770, que pour favoriser un infâme trafic sur les grains, auquel il est constant que le roi Louis XV lui-même prenait part. Les recherches de Biollay (Etudes économiques sur le xviiie siècle. — Le Pacte de Famine. — L'administration du commerce, Paris 1885). De Bord (Histoire du blé en France. — Le Pacte de Famine, Paris, 1887). D'Afanassiev (Le Commerce des grains, en France au xviiie siècle), ont montré la question sous son vrai jour et l'inanité de la légende du pacte de famine.

Paris » (1). Le Parlement n'enregistra que sur cette promesse, ajoutant dans ses remontrances en forme d'arrêt « qu'il était persuadé que la prudence du roi suggérerait les moyens les plus propres pour que les marchés publics fussent habituellement garnis » (2). Certains partisans de la liberté avaient aussi des craintes et conseillaient la prudence. Le commerce des grains longtemps opprimé, disaient-ils, ne devait se développer que lentement. Si jamais il se mettait en mesure d'approvisionner Paris, ce que l'on tenait pour douteux, il était hors d'état de le faire immédiatement.

Turgot céda pour satisfaire ces craintes; mais ce n'était pas pour longtemps. En février 1776, il publie un édit portant suppression des offices sur les ports, quais, halles et marchés de Paris. En janvier, une déclaration royale avait abrogé les règlements de la capitale. Par précaution, Turgot fit un arrangement avec les frères Leleu, négociants en grains, qui s'engageaient à fournir par an 25.000 setiers de blé, lequel serait amené à la halle quand il n'y aurait pas une fourniture de 2.500 sacs, et serait vendu au prix courant, moyennant quoi les Leleu avaient la jouissance des établissements de Corbeil et 25.000 livres d'indemnité (3). Malgré cela, le Parlement refusa ces diverses lois. Elles ne furent enregistrées qu'en lit de justice le 12 mars 1776. Ce sont les dernières réformes de Turgot sur les grains. Elles amenèrent sa chute peu après (12 mai 1776).

(1) *Turgot.* — OEuvres, II, p. 178.

(2) *Afanassiev.* — Ouv. cité. p. 366.

(3) *Biollay.* — Pacte de famine, p. 220 (cité par Afanassiev, ouv. cité, p. 417).

Nous avons donné tous ces détails pour montrer l'importance qu'on attachait aux règlements de l'approvisionnement de Paris. Pas plus que les autres cependant, ils ne trouvèrent grâce devant les Physiocrates. Utiles, indispensables même avec la prohibition qui tue le commerce, ces mesures sont inutiles et nuisibles avec la liberté. Ils blâment le gouvernement « de n'avoir pas osé pousser ses réformes jusqu'au bout, se laissant influencer par une condescendance regrettable faite du préjugé populaire » (1).

Ennemis des greniers d'abondance, comme nous le verrons en étudiant cette question, ils se déclarent aussi contre les achats privilégiés, montrant les maux qui en résultent, leur reprochant d'être très coûteux, et de ruiner le commerce privé par la concurrence trop inégale qu'ils lui font. Ces achats, disent-ils, dégarnissent les provinces par leurs enlèvements aux marchés, leurs arrhements au grenier, les enchères qu'ils mettent à la denrée, amenant des prix excessifs dans les provinces voisines de la capitale, notamment la Normandie. Les mesures prises pour approvisionner les provinces sont complètement annihilées par les règlements de la capitale.

On prétend que sans eux Paris manquerait de pain, mais ne voit-on pas d'autres villes importantes vivre et même prospérer sans réglementation. Et ils citaient l'exemple d'Amsterdam et Rotterdam, centres très populeux et très commerçants, dont l'approvisionnement est absolument libre, et où cependant les denrées se vendent à des prix très avantageux. Qu'on n'oppose pas la situation toute

____

(1) *Dupont.* — Objection sur les effets de la liberté du commerce des grains (Éph. 1770, VI, p. 74).

spéciale de ces villes, et leur régime politique, car on voit la même prospérité dans plusieurs villes de province, vivant sous un régime libre et qui pourtant étant plus petites, n'ont pas les avantages d'un grand centre vers lequel convergent toutes les marchandises (1).

Ils montrent enfin quelle gène ces règlements causaient à la circulation, l'interrompant au milieu du royaume, interruption d'autant plus fâcheuse qu'elle paralyse un grand nombre de belles rivières navigables. Dans son mémoire au roi sur les édits de février 1776, Turgot appréciant cette législation écrit : « Sa stricte application affamerait Paris. » Il constate que cette police désastreuse a produit dans tous les temps anciens les effets qu'on devait en attendre, des chertés excessives et longues ont succédé rapidement à des années d'abondance, elles se sont prolongées sans disette effective » (2). Constamment violées, c'est ce qui a permis à la capitale de vivre, « mais l'inexécution de telles lois ne suffit pas pour rassurer le commerce que leur existence menace encore » (3).

SECTION III. – CIRCULATION INTÉRIEURE

Détenteur d'une marchandise qui lui avait coûté tant de peine à acquérir, l'acheteur de grains n'était pas au bout

---

(1) Lettre du Parlement de Dauphiné au roi (Éph 1769, VII, 107).
(2) *Turgot*. — OEuvres, II, pp. 217 et 218.
(3) *Turgot*. — OEuvres, II, p. 218.

des difficultés. Il avait encore à lutter contre les règlements sur la circulation intérieure dont le but avoué était d'empêcher les subsistances de sortir du royaume, alors que les perceptions fiscales en étaient le vrai mobile.

Ces entraves étaient un reste de l'époque féodale. Chacun des petits souverains ou grands vassaux établis sur les ruines de l'ancien empire français, révoltés au dehors, usurpateurs au dedans, avaient fondé leur fisc sur la force et l'abus de puissance. La franchise absolue fut leur prétention, et le roi ne peut imposer que sur des cas avantifs et fortuits des droits d'entrée, de transit et de sortie. Ils croyaient faire œuvre de sagesse politique en interdisant complètement le transport des grains au delà de leurs frontières, ou du moins en en faisant une source de revenu.

En héritant des droits de ces petits souverains et réalisant l'unité, nos rois voulurent aussi hériter de leurs droits prétendus et habituels qu'on confondit avec leurs domaines. Les besoins croissant avec la puissance, il fallut pour les satisfaire inventer de nouveaux droits. Gardant pour son propre compte les principes qui jusque-là avaient réglé la circulation intérieure des grains, la royauté les simplifie, divisant les provinces en cinq catégories :

1º Les cinq grosses fermes, ainsi désignées parce qu'autrefois les droits qui s'y levaient composaient cinq fermes particulières réunies en une seule en 1726. C'étaient : l'Ile de France, la Normandie, la Picardie, la Champagne, la Bourgogne, la Bresse et Bugey, le Bourbonnais, le Berry, le Poitou, l'Anjou, la Touraine. Les droits intérieurs furent supprimés en 1664 pour la circulation entre ces provinces mais subsistèrent vis-à-vis des autres provinces;

2º Provinces réputées étrangères, restées en dehors du

tarif de 1664, et qui comprenaient le Dauphiné, la Franche-Comté, la Provence, le Languedoc, la Guyenne, la Saintonge, le Limousin, l'Angoumois, l'Auvergne, la Bretagne, la Flandre, le Hainaut. Elles conservaient leurs douanes locales.

3° Provinces à l'instar de l'étranger effectif et les ports francs qui, libres de tous droits dans leurs rapports commerciaux avec l'étranger, payaient les droits de douane dans leur commerce avec la France. Dans ce groupe entraient : L'Alsace, la Lorraine, les trois Evêchés, Dunkerque, Lorient, Bayonne, Marseille.

Outre ces droits de douane locaux, les marchandises voyageant à l'intérieur d'une province avaient à acquitter une infinité de péages. Perçus au début comme un dédommagement des dépenses faites pour la construction et l'entretien des voies de communication, les péages n'étaient le plus souvent qu'une source de revenus au profit des intérêts privés. Leur nom changeait selon les contrées. On les appelait péages, traites dans le Nord, leudes en Languedoc, octrois sur la Saône, coutumes en Bourgogne, prévôtés en Anjou et Tourraine. Leur variété était infinie. Bailly (1) cite les droits de long et travers, passage, hallage, pontonnage, barrage, chamage, trépas de Loire, etc. Cette diversité était un des plus sérieux obstacles à leur suppression, car il aurait fallu pour obtenir un résultat efficace, que l'édit de suppression n'en omît aucun. Pour donner une idée de leur nombre nous citerons le témoignage de Mantellier (2), qui signale sur la Loire 133 péages

(1) *Bailly*. — Histoire financière de la France, II, p. 488 (dans Afanassiev, ouv. cité.

(2) *Mantellier*. — Histoire de la communauté des marchands fré-

de Roanne à Nantes, réduits à 95 au xviii⁰ siècle. Afanassiev citant un rapport du prévôt des marchands de Lyon (8 octobre 1708) dit qu'au commencement du xviii⁰ siècle, d'Auxonne à Lyon on payait pour l'envoi de blé 2 livres 10 sols de fret et 5 livres de droits de péage, le total de ceux-ci étant donc à 200 0/0 du prix du fret (1). On comprendra facilement quelles gênes et quels frais cet état de choses devait causer. Comment le commerce aurait-il pu s'organiser en présence de pareilles dépenses, et malgré cela on croyait utile de surveiller la sortie des grains.

Chaque province devant en principe se suffire à elle-même, ce n'est que son superflu qui peut être transporté dans les autres. Les intendants ont seuls pouvoir pour faire cette détermination, et avant d'enlever les grains le marchand devait leur demander une autorisation et retirer passeport portant la quantité de marchandise autorisée à sortir, et le lieu de destination (2). L'arrêt du conseil du 17 septembre 1754 supprimait ces formalités, mais il ne fut jamais appliqué.

Les années de cherté, on proclamait bien la libre circulation afin de favoriser l'importation, mais ces mesures étaient toujours de courte durée parce qu'il fallait indemniser les fermiers et titulaires des bénéfices de la perte que leur causait le non prélèvement des droits. Quant au cabotage, pour éviter qu'il ne fût un prétexte à exportation,

---

quentant la rivière de Loiré, 3 volumes in-8⁰, Orléans, 1867, I, p. 69. (Dans Afanassiev, ouv. cité. p. 116).

(1) *Afanassiev*. — Ouv. cité, p. 121-122.

(2) L'ordonnance de 1687 exigeait la déclaration au bureau de la ferme du lieu de départ. Celle de 1703 la veut faite à l'intendant.

l'ordonnance de 1687 exigeait avant l'expédition pareille
déclaration que précédemment, et le négociant devait
s'engager à remettre, à un jour fixé suivant la longueur
du transport, « un certificat en bonne forme de la des-
cente des marchandises au lieu de destination (1) ». Faute
de quoi, l'arrêt du conseil du 27 septembre 1710 le punissait
d'une amende de 300 livres et d'une somme équivalente à la
valeur du chargement. C'était une mine de procès quand
le bateau arrivait en retard, périssait en route, ou se trouvait, par suite de mauvais temps, obligé de jeter une partie de son chargement.

Les Physiocrates s'élèvent contre ces mesures qu'ils déclarent inutiles. On craint, à tort, que le commerce libre
n'enlève le nécessaire d'une province pour le porter dans
une autre. Le relèvement des prix indique à quel moment
le superflu n'existe plus, il empêche le marchand d'acheter, et amène s'il y a lieu une importation correspondante
destinée à pallier le trop grand enlèvement. La province
productrice a d'ailleurs un immense avantage sur celles
qui achètent, puisqu'elle a en moins les frais de transport
et les droits de circulation.

Les formalités de déclaration et de passe-port sont donc
sans fondement. Elles sont fort gênantes, parce qu'elles
obligent le commerçant à faire connaître ses affaires. Signaler le lieu d'expédition est un embarras pour celui qui
est indécis sur la destination à donner aux marchandises,
le lieu de transport désiré étant celui où les prix sont les
plus élevés, par suite variable à chaque instant ; quand ce
lieu est arrêté à l'avance, il est très ennuyeux de le faire

____

(1) *Afanassiev.* — Ouv. cité, p. 138.

connaître, parce que c'est désigner à la concurrence un placement avantageux.

Avec la liberté, on évitera ce spectacle pénible de province souffrant de la disette et payant les vivres des prix exorbitants, alors que les provinces voisines regorgeant de produits ne peuvent en trouver le débit. L'isolement des provinces les rend pauvres dans l'abondance et affamées dans la disette. Et les Physiocrates montrent, comme l'avait fait Boisguilbert, la solidarité qui doit exister entre les sujets d'une même nation « membres d'un même corps et enfants d'une même famille » (1). La France produit beaucoup plus de grains qu'elle en consomme ; il suffit de savoir les porter là où ils font besoin, et c'est ce que fera le commerce libre.

Mais pour que ce résultat puisse être obtenu, il faut enlever les gènes et diminuer les frais résultant des douanes et péage, frais qui, enlevant le profit possible, paralysent toute entreprise ou obligent à hausser considérablement les prix. Pour acquitter les droits de douanes, le négociant est souvent obligé d'allonger son parcours ; c'est ainsi que les récoltes faites à deux lieues de Marseille, et qui pouvaient y aller tout droit avec la liberté, devaient sous les règlements faire neuf lieues de Provence pour aller acquitter l'impôt au bureau des Septèmes dont elles relevaient (2).

Les péages dus en cours de route nécessitaient des arrêts continuels et des formalités fort longues qui allongeaient singulièrement le voyage. Le négociant, quelque habitude

(1) Du commerce des grains. (Journ. écon., mai 1754, p. 71).

(2) *Dupont.* — Observat. sur les effets de la lib. du com. des grains. (Éph. 1770, VI, p. 69).

qu'il eût des affaires, se perdait dans cette multiplicité de prestations variées, s'exposant à de continuels procès, ainsi que le montre l'exemple suivant rapporté dans le *Journal économique*. Deux frères, honnêtes commerçants, voulurent en 1740 porter du blé d'une province qui en abondait dans une autre où il y avait disette. Les chicanes multiples qu'on leur souleva de toute part, dans la province d'achat pour permettre la sortie, pendant le transport, et à l'arrivée, prirent si longtemps que le blé fut abîmé avant de pouvoir être vendu. Ils furent ruinés et moururent de chagrin (1).

De pareils faits n'étaient pas rares, et on comprend qu'après avoir couru de si grands risques, le négociant était en droit d'exiger de bons profits. Comme moyen d'économiser sur les transports, les économistes signalent la libre concurrence des voitures (ce qui suscitera les nombreuses réclamations des compagnies privilégiées) (2) et l'amélioration des moyens de communication. La question de construction et entretien des routes et canaux sera une de leurs grosses préoccupations. Dans ce sens ils préconisent l'emploi des soldats (3), comme l'avait fait Henri IV pour le canal de Briare, et ils entreprennent une ardente campagne pour la réforme de la corvée.

(1) Mémoire sur le commerce des blés. (Journal économique, février 1760, p. 59).

(2) Mentionnons celle des rouliers d'Orléans relevée dans les Éphemérides, 1765, novembre, pp. 57 à 65.

(3) *Dupont.* — De l'administration des chemins (Éph., 1767, V. p. 144).

SECTION IV. — LES GRENIERS D'ABONDANCE

Pour en finir avec l'etude du commerce intérieur, il nous reste à voir la question des greniers d'abondance, qu'on appelle aussi greniers publics, ou magasins d'approvisionnement.

Tandis que les mesures précédemment étudiées ne s'occupaient que du besoin actuel, les greniers publics étaient appelés à faire face aux éventualités de l'avenir, mettant de côté dans les années d'abondance pour parer au manque des années de disette. Comme les mesures réglementaires dont ils ne sont que le complément, ils eurent de très nombreux partisans. Leur but, ainsi que le fait remarquer l'abbé Baudeau dans ses avis au peuple, était humanitaire et louable puisqu'il visait la nourriture du peuple à bon marché, mais il paraît que le résultat n'y concordait guère.

Pour les justifier, leurs défenseurs se prévalaient de l'exemple de l'antiquité dont toutes les grandes villes eurent des greniers publics. C'était donc une preuve que ce régime avait du bon. Ils se réclamaient du chancelier de l'Hospital qui voulait que chaque ville eût en magasin un approvisionnement pour trois mois, et enfin, argument capital quand on discute avec les Économistes, ils leur opposaient l'exemple de la Chine. Ce céleste Empire que les Physiocrates donnent toujours en exemple aux gouvernements à cause de la prospérité de son agriculture, du respect et des avantages qu'il donne aux cultivateurs, ce céleste Empire possède de très nombreux greniers publics, preuve que leur existence n'est nullement imcompatible avec le développement de la richesse agricole.

Outre ces références, ils montraient les avantages énormes que donnerait la pratique généralisée et sagement entendue des greniers d'abondance. Leur provision permettra de faire face aux mauvaises récoltes et d'en conjurer les dangers ; elle donnera le moyen de maintenir les prix à un taux raisonnable, presque toujours uniforme, en mettant le grain sur le marché ou le retirant selon les besoins. On se plaint du bas prix des années abondantes et on demande l'exportation pour y remédier? Ce système est inutile avec les greniers publics, car la quantité nécessaire pour le garnir devant être très forte, elle enlèvera tout le superflu de la production, amenant ainsi le résultat qu'on demande à l'exportation sans en présenter les dangers.

Ils rendront encore le monopole impossible, gênant la spéculation par le prix élevé qu'ils maintiendront, et déjouant ses calculs en faisant baisser le cours quand il y aura tendance à forte hausse.

L'agriculteur n'y perdra rien. Que lui importe de vendre aux négociants ou aux magasins d'approvisionnement? Il y trouvera même bénéfice, car on l'autorisera, moyennant une faible rétribution à charger les greniers de la garde de ses grains, ce qui lui permettra d'attendre le moment le plus favorable à la vente, tout en se conformant aux règlements, et sans supporter les ennuis de la garde.

Le point capital était de connaître le coût de ces institutions, car leurs détracteurs leur reprochaient de revenir fort cher, et de ne faire qu'accroître la dépense et la gêne dans le pays. Cela, disent leurs partisans, tient à leur mauvaise organisation. Et on propose des systèmes plus économiques.

Goyon de la Plombanie (1) présente l'organisation suivante : Dans chaque province et par chaque subdélégation de vingt paroisses environ, une compagnie d'agriculture, formée par action et ayant comme membres tout propriétaire d'au moins cinq arpents, aurait un magasin construit par corvées et aux frais du district. Le payement des actions se ferait en argent ou en denrées. La compagnie nommerait un directeur et un personnel chargé des ventes et achats de grains dont le prix serait d'ailleurs déterminé par elle ; 15 à 20 livres pour l'achat, 20 à 25 pour la vente. Chaque actionnaire aurait droit de contrôle sur les opérations, et toucherait une part de bénéfices au prorata des actions qu'il possède. Ces bénéfices retomberaient ainsi sur le pays et y encourageraient l'agriculture.

Signalons un autre système préconisé par Malisset d'Hertereau (2). Chaque état particulier, gouvernement, province ou généralité, aurait son grenier dans, ou proche la capitale, près de l'eau afin d'économiser le transport. Ce grenier contiendrait 60.000 sacs, ce qui ferait 1.920.000 setiers pour le royaume, c'est-à-dire le vingt-septième environ de la consommation générale. Tous ces dépôts étant unis entre eux, « et ne formant qu'un corps d'établissements d'utilité et tranquillité générale ».

La construction serait faite par un emprunt des États et

______

(1) *Goyon de la Plombanie*. — Vues politiques sur le commerce des denrées. Paris, 1766.

(2) *Malisset d'Hertereau*. — Tranquillité sur les subsistances, ou moyen de parer dans tous les temps à la cherté des grains en France.

provinces, et l'approvisionnement fourni par les localités
taxées à tant chacune. La première réserve serait formée
en empruntant un quart de leur approvisionnement aux
maisons religieuses, chapitres et hôpitaux, qui sont tenus
de conserver en réserve trois ans de leur consommation.
On les rembourserait dans les deux récoltes suivantes.
Quant aux achats, l'auteur se défiant des fonctionnaires
« dont le recrutement fait par faveur et privilège, n'amène
que des ignorants », des commissionnaires qui sont trop
coûteux, propose « des collaborateurs de l'administration
ou des gens très instruits à qui on donnerait une prime de
2 ou 3 0/0 sur leurs économies ». L'exportation serait
suspendue pendant leurs achats, et on leur réserverait le
privilège d'exporter les farines. Ils auraient l'entreprise
de nourriture des troupes, des hôpitaux, des prisons, ce
qui favoriserait le renouvellement des provisions. Avec
cela, dit l'auteur, les magasins feraient un bénéfice annuel
de 12.000.000, ce qui permettrait de parer aux disettes.

Tels sont les avantages qu'on accordait aux greniers
publics. Restait à savoir si les événements donneraient
raison à ces prévisions. Ce n'était pas l'opinion des Physiocrates, aussi se prononcent-ils contre les greniers
publics. L'exemple de l'antiquité, disent-ils, ne signifie
rien, parce que la situation économique y était toute différente de la nôtre. On oublie que les anciens, en général,
connurent peu le commerce libre et on néglige le facteur
esclavage pourtant très important. De ce que les greniers
publics étaient indispensables aux anciens, il ne s'ensuit
pas qu'il faille les accepter maintenant.

De même pour la Chine, on oublie qu'elle paye ses
impôts en nature et que ne faisant aucun commerce extérieur elle doit se suffire toute seule. Si la liberté doit

donner les mêmes avantages que les greniers, pourquoi ne l'adopterait-on pas de préférence, puisqu'elle fonctionne toute seule sans engager l'État? Or la concurrence à elle seule suffit pour vaincre le monopole, porter des blés là où il en est besoin et donner un prix raisonnable. Il en est des greniers comme des citernes, dit l'abbé Roubaud, on ne voit guère de citernes que dans les pays où par le vice du climat on manque d'eau. Si les habitants de ces pays arides pouvaient découvrir des sources abondantes, est-ce qu'ils ne se passeraient pas de citernes? La bonne culture et le libre commerce d'importation sont les sources qui rendront les greniers inutiles. On n'aura plus besoin d'eux, parce que l'argent et le grand nombre de consommateurs attirant les grains dans les villes plus encore que toute autre denrée, elles en seront infailliblement approvisionnées, ainsi que de tout autre chose, lorsque la concurrence en sera favorisée autant que le cas le requiert. « La denrée tend vers l'argent, et l'argent vers la denrée » (1).

Les Physiocrates signalent les inconvénients inhérents à cette pratique. Ce sont d'abord des frais énormes qu'un commerçant agissant pour son compte réduit toujours, quand il ne les évite pas, et pour montrer la justesse de leurs allégations, ils passent en revue ces frais. D'abord, la construction des greniers. Le commerce privé achetant pour revendre n'a pas besoin de grands magasins et utilise ceux qui existent déjà. Les achats sont faits dans de moins bonnes conditions que ceux du commerce privé, parce que le concessionnaire n'a aucun intérêt d'engagé

---

(1) *Roubaud.* — Dialogue sur les greniers publics. (Journ. de l'ag. com. fin., avril 1771, pp. 11 et 12).

dans les opérations. Un commis, dit Herbert (1), même zélé, entendu, intègre, se transporte dans les cantons où ses ordres, où sa bonne volonté le conduisent. Il en ignore les détails, achète les grains au prix courant, souvent sans distinction de qualité. Il est rare qu'il ne fasse pas bientôt renchérir par l'étendue de ces achats, ce qui excite des murmures et des soulèvements souvent dangereux. Il force les voitures à le suivre où la nécessité le demande. N'ayant d'autre but que de faire une emplette, il enlève indistinctement tout ce qui se présente, payant le médiocre comme le bon, faisant renchérir les transports, le prix étant indifférent à celui qui n'a aucun risque à perdre.

L'État devra revendre sans distinction comme il a acheté et le consommateur paye au prix le plus cher des grains qui ne sont ni les meilleurs, ni les mieux conditionnés. L'acheteur murmure parce qu'il n'a pas la liberté de marchander ni de choisir.

En regard, Herbert montre le marchand guidé par le seul espoir du gain, dont l'intérêt est d'acheter là où la marchandise est la moins chère. Si elle hausse dans les pays où il a commencé ses achats, il va ailleurs ; il marchande, choisit, fait ses transports à propos et avec la plus grande économie. Il y est même obligé si la concurrence s'en mêle, parce que la perte tomberait entièrement sur lui.

Une fois au grenier public, il faut pour entretenir le blé un personnel très nombreux, toujours très négligent, comme cela arrive dans tous les services publics, parce qu'aucun intérêt personnel n'est directement engagé dans

____

(1) *Herbert.* — Essai sur la police, ouv. cité, pp. 69-72.

l'entreprise. Signalons aussi la perte en magasin d'autant plus grande que le grain s'y garde plus longtemps.

A tous ces frais inévitables alors même qu'on aurait affaire à des anges, ainsi que le dit Turgot, et ce n'était pas le cas des commissionnaires royaux, s'ajoute encore l'immobilisation des capitaux énormes qui ont payé l'approvisionnement, ce qui nuit au développement de la richesse générale (1). Toutes dépenses qui ne grèvent pas le commerce privé dont les renouvellements se font sans cesse.

Si pour parer à la cherté l'État vend le grain à perte, le peuple souffrira toujours, car on prodigue ainsi le revenu public, c'est-à-dire « l'argent du peuple, le salaire du peuple, l'instrument de la conservation et de l'amélioration du patrimoine du peuple » (2).

Inutiles et coûteux, les greniers publics ont encore le grave inconvénient de détruire tout commerce privé. Celui-ci, en effet, ne peut supporter la concurrence d'un rival qni connaît à l'avance tous ses projets, est privilégié dans ses opérations, et n'engageant pas ses capitaux n'est retenu ni par les hauts prix d'achat ni par les bas prix de vente.

L'État restant seul pourvoyeur de vivres endosse de ce fait une lourde responsabilité, et, ainsi que le montre Herbert, on aboutit au monopole en voulant le combattre, car « les magasins de l'État où d'une grande Compagnie privilégiée sont, sans qu'on s'en doute, le véritable monopole à qui l'on ne donne pas ce nom parce qu'il est autorisé et qu'on ne le fait qu'avec une bonne intention ; car le

____

(1) *Roubaud.* — Dialogue sur les greniers publics (J. A. C. F., avril 1771, p. 136).

(2) *Ibid*, p. 48.

monopole n'est autre chose que de s'emparer seul d'une marchandise pour la revendre. Et quoique dans le cas présent on n'achète des grains que dans la vue de soulager le peuple, l'effet est cependant le même que si l'on agissait pour d'autres motifs » (1).

Pas de greniers publics diront donc les Physiocrates, les seuls magasins vraiment utiles et vraiment universels ce sont les greniers des particuliers. Or ce n'est pas par la force qu'on les remplit, mais par l'intérêt qu'y voit le commerce quand on lui laisse toute liberté d'action à ce sujet.

CHAPITRE II

COMMERCE EXTÉRIEUR

La législation des grains sous l'ancien régime que nous avons vue si compliquée et si touffue en ce qui concerne le commerce intérieur, se réduisait à bien peu de chose pour le commerce extérieur.

Sauf sous le règne de Henri IV, l'*exportation* était en principe complètement interdite. Des permissions passagères et très courtes étaient accordées les années d'extrême abondance, le reste du temps, défense absolue de faire sortir des grains. C'était la résultante forcée de la politique intérieure. La crainte perpétuelle étant de manquer de pain, le plus élémentaire raisonnement commandait de

(1) *Herbert.* — Essai sur la pol., ouv. cité, p. 28.

garder tout ce que produit l'agriculture nationale. Aucun mal ne pouvait semble-t-il résulter de cette conduite. Le seul risque couru c'était de retenir à l'intérieur plus de denrée que n'en nécessitait la consommation nationale, mais cela ne valait-il pas mieux que de s'exposer à manquer, d'autant plus qu'on pouvait y remédier par des autorisations de sortie.

Quant aux bas prix occasionnés par la trop grande abondance, les partisans des règlementations les voyaient toujours d'un œil favorable. C'était grâce à eux la nourriture des villes facilitée, les manufactures encouragées. Le cultivateur ne pouvant jamais perdre se contentait de moins gagner, et le gouvernement échappait à de lourds soucis et de grandes dépenses. C'est ainsi que Necker écrit qu'il faut mettre tous les hasards des récoltes pour les propriétaires « parce qu'eux seuls peuvent sans un grand inconvénient perdre dans un temps et gagner dans un autre; au lieu que lorsqu'ils proportionnent aux événements le prix des denrées de nécessité dont ils sont distributeurs, ils associent à leur jeu cette classe indigente de la société qui n'a d'autre mise que son nécessaire » (1).

Pour les Physiocrates au contraire, la liberté d'exportation sera le point essentiel de leur programme, la condition *sine qua non* de sa réussite. Sa défense remplira la plupart de leurs écrits, et c'est sur ce point qu'ils rencontreront les adversaires les plus nombreux et les plus irréductibles. Deux fois sur le point de triompher leur système recevra des limitations qui, avec le mauvais vouloir des autorités chargées d'en surveiller l'application, compromettront la réussite.

____

(1) *Necker*. - Législation et commerce des grains, p. 312.

Par contre, et pour les mêmes raisons, *l'exportation* est toujours restée libre. On cherche même à l'encourager et c'est le seul point sur lequel les deux camps adversaires sont d'accord, et encore diffèrent-ils sur les moyens à employer.

On veut la liberté d'importation parce qu'elle permettra de conjurer les dangers de la disette, et modérera les demandes trop dures des négociants. Son interdiction serait mauvaise puisque inutile dans l'abondance, le déplacement étant impossible faute de prix rémunérateur, l'importation est très bonne en disette. Aussi ne trouve-t-on pas un seul acte administratif la défendant ou même la limitant. Le tarif de 1664 fixait un droit d'entrée pour les cinq grosses fermes ; il fut suspendu pendant les années de cherté, et la déclaration du 26 octobre 1740, prorogée sans limite par l'arrêt du conseil du 15 octobre 1742, accordait l'exemption des droits d'entrée aux grains et farines (1). Malgré tout elle ne fut jamais importante, faute d'un commerce privé capable de la faire.

L'État seul s'en occupe, et il y emploie tantôt des commissionnaires spéciaux agissant en son nom et pour son compte, tantôt il donne des primes au commerce libre. Pourquoi celui-ci n'agissait-il pas seul ? Il n'y a que les gros commerçants qui peuvent entreprendre l'importation parce qu'elle nécessite de gros capitaux et présente beaucoup de risques. Nous avons vu comment les règlements empêchaient les capitalistes de faire le commerce des grains. Le défaut de voies de communication augmentait les difficultés et les dépenses, « et ces négociants, craignant de perdre, ne veulent rien hasarder pour tirer le peuple de la mi-

____

(1) *Afanassiev.* — Ouv. cité, p. 456.

sère » (1). On disait que la concurrence ne produit son effet que dans les exportations, mais est à peu près nulle pour les importations.

Les Physiocrates prétendent au contraire que ce qui ruine l'importation, c'est la pratique du système réglementaire prohibitif. Les capitaux sont détournés du commerce des grains ; comment veut-on que le négociant ose les engager sous un régime qui, non content de les rançonner sans cesse sous forme de droits et péages, peut l'obliger à les vendre à un moment et pour un prix déterminé. Les risques du transport sur mer et de la concurrence sont assez grands sans qu'il soit besoin de les augmenter.

Ils critiquent l'emploi de commissionnaires spéciaux qui font, ici comme dans tous les autres cas, une concurrence inégale au commerce libre. Du moment qu'on peut être commissionnaire, pourquoi chercherait-on à être commettant (2) ? Pour la même raison, et quoiqu'elles soient moins dangereuses parce que l'État ne paraît pas, ils critiqueront la pratique des primes. C'est une mesure coûteuse pour l'État, ruineuse pour l'industrie privée non secourue, dangereuse pour l'agriculture nationale qu'elle place dans un état d'infériorité en permettant au blé étranger de se vendre à meilleur compte, et accoutume le peuple à cette vieille erreur que le gouvernement est obligé de faire baisser le prix des grains (3). Contentez-vous de l'entière liberté, diront-ils, améliorez les voies de communication, laissez au commerçant le droit d'acheter et vendre où et comme il veut, et l'importation se fera d'elle-

____

(1) Lettre d'un correspondant breton. J. A. C. F., Juillet 1770, pp. 12 à 15.

(2-3) Arrêt du Conseil d'État du 31 décembre 1768.

même par le simple encouragement du gain à réaliser. Plus
économique que l'importation faite par l'État, celle des particuliers aura l'avantage de se faire à temps, c'est-à-dire
prévoyant le mal en agissant dès le premier besoin, tandis que l'État n'agit que quand le mal a pris de grandes
proportions, c'est-à-dire alors qu'on souffre depuis longtemps.

Les Physiocrates signalent comme gène à l'importation
la défense d'exporter. Le négociant hésite à faire entrer
des grains qu'il sait ne plus pouvoir faire sortir alors même
qu'il trouverait ailleurs un meilleur placement. Ils font
remarquer qu'importation et exportation se complètent
mutuellement, réparant leurs écarts réciproques. Avec la
liberté, nous bénéficierions d'un avantage résultant de
notre situation topographique intermédiaire entre le Nord
et le Sud, à proximité des États qui achètent beaucoup de
blé. Assuré de la sortie, l'étranger viendrait établir ses
dépôts chez nous. Cela amènerait dans nos ports beaucoup de vaisseaux chargés qui, plutôt que de repartir à
vide, prendraient nos produits, ce qui donnerait des
débouchés à nos vins, huiles, manufactures, etc.

Par une contradiction singulière, les partisans de la
réglementation qui avaient toujours réclamé la libre
importation, changent de tactique quand ils voient triompher la doctrine des économistes. Quand les édits de 1763
et 1764 proclament la liberté intérieure et extérieure, à
leur instigation on établit des droits de douane pour restreindre l'importation. La déclaration de 1763, voulant
encourager la fabrication des farines de qualité supérieure,
établit un droit d'entrée de 6 sous par quintal (14 sous
4 deniers par setier) sur les farines de minot (1) (arrêt du

(1) *Afanassiev.* — Ouv. cité, p. 458. On appelait ainsi les farines

27 mars 1763). Comme on fraudait en ne mettant pas les farines visées en minot, l'arrêt du 18 septembre 1763 étend le droit à toutes les farines étrangères indistinctement. Le 2 janvier 1764, on met un droit sur les farines autres que le seigle et le froment. L'édit de juillet 1764 simplifie le système, établissant un droit d'entrée de 1 0/0 sur le blé froment, 3 0/0 sur les autres grains. Les lettres patentes du 7 novembre 1764 établissent un droit fixe de tant par quintal, mais les sous pour livre augmentent beaucoup les droits.

Par suite de la disette de 1768, on dut abaisser les droits (arrêt du 19 septembre 1768, confirmé par celui du 31 octobre 1768) qui, désormais sans valeur fiscale, resteront seulement pour contrôler l'importation et dureront jusqu'à la Révolution.

Pourquoi ce changement à l'instant où on en n'avait le moins besoin et où on devait le moins s'y attendre? Était-ce par pure contradiction que les réglementateurs abandonnaient leur conduite traditionnelle sur l'importation et parce qu'ils voyaient leurs adversaires la défendre? Il y avait, croyons-nous, une raison plus sérieuse. Les Physiocrates faisaient valoir pour justifier leur doctrine le besoin de relever l'agriculture en augmentant le prix de vente du blé; leurs adversaires, voulant obtenir ce résultat sans user de l'exportation, demandent l'établissement d'un droit sur les blés entrant en France, de façon à augmenter leur coût de production et par conséquent leur prix de vente, ce qui relèverait en même temps le prix du blé français. De nos jours, l'échelle mobile n'a pas d'autre but.

de gruau, du nom des barils ou « minots » dans lesquels on les enfermait.

Dans cette vue, l'abbé Galiani (1) proposera, dans son huitième dialogue, un droit d'entrée calculé sur une moyenne de 25 sols par setier et frappant les grains et farines. Comme autres avantages de cette pratique il signale la possibilité de faire une gracieuseté à une puissance amie en lui accordant la remise du droit, la possibilité de s'assurer la réciproque.

Les Physiocrates se prononceront contre les droits à l'entrée des denrées. Ils les disent mauvais parce que, ou ils détournent la denrée de chez nous, ou ils renchérissent les prix au détriment du consommateur qui est toujours obligé de les payer (2). En ôtant aux étrangers le moyen de nous vendre leurs denrées, nous les privons du moyen de nous acheter les nôtres, et nous ruinons ainsi nous-mêmes notre agriculture qui ne prospère que par le débit (3).

CHAPITRE III

DÉFENSE DU SYSTÈME RÉGLEMENTAIRE

Nous avons vu en quoi consistait le système réglementaire et les critiques que les Physiocrates lui adressaient.

(1-2-3) *Galiani*. — Dialogues sur le commerce des graines.

Chemin faisant, nous avons eu à mentionner divers arguments invoqués par les partisans de cette politique pour expliquer et justifier leur conduite. C'est ce point que nous allons maintenant étudier.

Désespérés par la difficulté que présente une réglementation efficace du commerce des grains, certains auteurs proposent tout simplement d'abandonner la culture des céréales, démontrant que l'usage du blé est pernicieux pour la santé et forcément très coûteux. En ce sens, et à titre de curiosité, nous citerons un long plaidoyer de Siméon Nicolas-Henri Linguet (1). Les économistes, que cet auteur visait, ne lui firent pas l'honneur d'une réponse, se contentant de traiter ses élucubrations comme elles le méritaient, c'est-à-dire d'en rire.

On donne à la question des grains, dit Linguet, une importance qu'elle ne doit pas avoir. C'est l'infime minorité des hommes, 30.000.000 sur 900.000.000 (ce sont ses propres chiffres) qui mange du pain. On comprendra combien ont raison ceux qui s'abstiennent de cette nourriture quand on saura quels maux Linguet lui attribue. D'abord le blé est un poison, qu'une longue habitude rend moins dangereux, mais qui cependant n'est pas à négliger. Ce qu'il lui reproche avant tout, c'est son effet déplorable sur le moral. « Je vois, dit-il, que l'esclavage, l'accablement d'esprit, la bassesse en tout genre dans les petits, le despotisme, la fureur effrénée des jouissances destructives, le mépris des hommes dans les grands, sont les compagnes

____

(1) Réponse aux docteurs modernes, ou apologie, par l'auteur de la théorie des lois et des lettres sur cette théorie, avec la réfutation du système des philosophes économistes, par Siméon-Nicolas-Henri Linguet (Mars 1771. *Journal Économique*).

inséparables de l'habitude de manger du pain et sortent
du même sillon où croît le blé. Je vois qu'en Asie et tous
les lieux où il n'a pas pénétré, les mœurs se sont conser-
vées simples, les gouvernements justes, et la vie douce
même pour les dernières classes de la société, et surtout
pour elles. »

Il reproche au blé les énormes dépenses qu'il nécessite,
culture coûteuse et courant beaucoup de risques, mouture,
frais de garde très dispendieux, panification. Et voilà,
conclut-il, l'aliment universel, l'important objet de subsistances auquel les gouvernements doivent tout sacrifier,
sur lequel toutes les spéculations politiques doivent porter !
En regard il montre les avantages du riz : culture facile;
on dépose le grain dans un creux fait avec un bâton
traîné dans la terre en guise de charrue, on inonde, et
l'eau sert d'enveloppe et d'aliment; on le garde facilement,
son excessive dureté le rendant inaccessible aux attaques
des insectes ; pas d'apprêt qu'une simple ébullition pour
cet aliment le plus substantiel de tous.

On objectera que les marais sont malsains, mais les
travaux accablants des champs ne le sont-ils pas autant?
Et quels avantages pour le consommateur! « Le pain
étant au plus bas prix à un sou la livre, un homme en
mangera sans peine par jour pour trois ou quatre sols. Eh
bien, avec du riz et des pommes de terre, un homme peut
vivre très à son aise avec un sol, et il n'aura pas une subs-
tance sèche, terreuse, comme le mauvais pain dont il se
charge les entrailles.., mais une bouillie douce, onctueuse,
assaisonnée de beurre, de potirons, de beaucoup d'ingré-
dients dont l'indigence ne lui permet pas de goûter tant
qu'il se bornera au pain. »

A l'appui de son dire, Linguet invoquait les expériences

relatées dans les *Éphémérides* de 1769, où on signale les services rendus par l'emploi du riz pendant la disette. Il signale enfin les inconvénients que présente en temps de famine l'approvisionnement en blé, lequel ne profite qu'aux monopoleurs. Il lui préfère un système qui, à défaut de résultat pratique, a au moins celui de l'originalité ; des distributions de poissons, car la garde en est impossible, par suite évite le monopole, et la mauvaise odeur désagréable aux riches, permettra aux pauvres de rester seuls à en profiter.

Devant ces énormités, on serait tenté de croire à l'œuvre d'un mauvais plaisant, mais l'auteur a soin d'ajouter : « On se moque de mon assertion, comme on s'est moqué des théories d'Harvey sur la circulation du sang qui, pourtant, est aujourd'hui un axiome en médecine. Je ne sais, ajoute-t-il modestement, si mon opinion sur le pain aura la même fortune, mais je sais qu'elle n'est pas moins solide. »

Les économistes répondent spirituellement à cet adversaire peu redoutable que les données qu'ils ont sur le moral des Asiatiques ne concordent pas précisément avec celles que leur prête Linguet. Le pain est un poison bien peu violent puisqu'il n'empêche pas de vivre vieux, et qu'on meurt de sa privation, non de sa consommation. La transformation de nos plaines en rizières présenterait peut-être un agréable coup d'œil, mais coûterait plus que la culture en blé.

Ayant fait la part du grotesque, inévitable même dans les plus graves discussions, passons maintenant aux objections plus sérieuses. Tout d'abord, dit-on, le blé n'est pas une marchandise comme les autres ; il est nécessaire de lui appliquer un régime tout spécial. On peut classer sous trois points les arguments invoqués à l'appui de cette thèse : 1° la condition des hommes n'est pas la même à l'égard des grains que des autres denrées ; 2° le prix des grains a sur celui de toutes les autres marchandises une influence qui n'est pas réciproque à son égard ; 3° l'opération du commerce des grains a des différences essentielles avec l'opération du commerce des autres produits.

Les grains se distinguent des autres denrées par leur nécessité absolue ; c'est ce qui explique le rôle capital que joue la quantité sur les prix. Roscher écrit (1) : Lorsqu'un objet de luxe augmente, la demande diminue et le prix ne s'accroît pas proportionnellement à la diminution de production. Il en est autrement du blé. Même dans la plus grande abondance la consommation de l'homme est limitée par la capacité de son estomac, et, abstraction faite des dilapidations, il n'utilise son superflu qu'en blutant plus soigneusement sa farine et donnant plus de grains aux bestiaux. D'un autre côté, quand il y a déficit nous retranchons quelque chose sur toutes nos autres consommations plutôt que de nous priver de pain. Il en résulte que le prix du blé peut monter à un taux bien plus élevé et tomber bien plus bas que celui de tout autre objet moins nécessaire.

Lorsqu'en 1590 Henry IV assiégeait Paris, le pain se vendit cinquante fois plus cher qu'en temps ordinaire, et quand Sylla bloquait Athènes, le médimne de froment, qui sous Alexandre valait cinq drachmes, se vendit mille drachmes. Un économiste anglais, Grégory King, a consigné

(1) *Roscher*. — Du commerce des grains et des mesures à prendre en cas de cherté. (Traduct. Block).

les variations du blé dans la table suivante publiée par
Davenant (1) :

Sur une récolte moyenne
un manque de 10 0/0 hausse le prix de   30 0/0.
   —   20 0/0   —   —   80 0/0.
   —   30 0/0   —   —   100 0/0.
   —   40 0/0   —   —   280 0/0.
   —   50 0/0   —   —   450 0/0.

Sans être d'une rigoureuse exactitude, cette démonstra-
tion prouve l'extrême sensibilité du prix des grains.

C'est l'intensité du besoin à satisfaire qui explique cette
sensibilité, faisant exagérer la crainte du manque, produisant l'affolement et les hausses considérables dès que la
quantité apparente est réduite au juste besoin, « cela est
même dans l'ordre naturel, à cause de l'incertitude où
sont toujours les récoltes de la meilleure apparence
jusqu'à ce qu'elles soient engrangées. Cela n'arrive point
à l'égard des autres denrées » (2).

A cette raison vient s'en ajouter une autre tirée de la
nature de la marchandise. Le grain est une marchandise
lourde, par conséquent très coûteuse à déplacer, craignant
beaucoup les avaries notamment dans les voyages par
eau. Il n'y a point d'autre produit qui soit moins en état
que le blé de supporter le renchérissement du fret, parce
qu'il n'y en a point qui soit à aussi bas prix relativement
à son volume et à son poids. Les autres marchandises
plus précieuses offrent à poids égal un plus grand bénéfice,

____

(1) *Davenant.* — Political and commercial Works, II, 224, cité par
Roscher.

(2) Examen des principes sur la liberté du commerce des grains.
(J. A. C. F.. août 1768, p. 12).

ce qui permet au négociant de payer le fret plus cher que le marchand de blé dont le gain est beaucoup plus borné (1).

Le prix des grains influe sur celui des autres denrées, parce que la somme des dépenses étant pour la plupart des consommateurs bornée par leur revenu, si la nourriture absorbe une plus grande partie de ce revenu, les autres dépenses sont restreintes ou annulées. « Il est de fait, écrit un auteur, que toutes les marchandises suivent le prix du pain et se mettent imperceptiblement au niveau de cette denrée. Il suit de là que les manufactures doivent tomber quand le pain est cher, puisque le particulier n'achète pas de vêtements dès que le pain absorbe ses facultés, et que l'étranger cesse de tirer lorsque la main d'œuvre renchérit la marchandise (2). »

Toutes ces raisons font que le blé est la matière à spéculation par excellence. Si la quantité du blé existant dans le royaume présente une si grande importance, on comprend quel intérêt sa diminution présente pour le spéculateur. La quantité qui agit sur les prix n'est pas celle du blé produit, mais celle du blé mis en vente. Le grand propriétaire qui refuse de vendre sa récolte, le négociant qui, faisant de gros achats, retire les grains de la circulation pour les garder en magasin, établissent une disette factice tout aussi efficace pour la hausse des prix que la disette réelle. Ils constituent ainsi une opération, d'autant

(1) *Le Trosne.* — Lettre sur les avantages de la concurrence des vaisseaux étrangers pour le transport des grains. (J. A. C. F., août 1765, p. 84).

(2) Examen des observations faites à la lettre d'un associé du bureau d'agriculture de Paris. (J. A. C. F., novembre 1768, p. 55).

moins dangereuse pour eux que la nécessité de la marchandise en assure la vente quel qu'en soit le prix, d'autant plus profitable que la hausse est très grande et très rapide. Aussi le commerce des grains est le domaine du monopole par excellence.

Un gouvernement soucieux de l'intérêt de ses sujets doit donc prendre les mesures voulues pour parer à tous ces dangers. Il doit obliger le producteur à conduire sa récolte au marché, réglementer les transactions afin de permettre à tout consommateur de pouvoir acheter, et à un prix raisonnable, empêcher le monopole, faire des provisions pour les années de disette, s'opposer à ce que l'étranger n'emporte notre superflu. Or c'est l'objet et l'unique désir des règlements.

Comme leurs adversaires, les Physiocrates reconnaissent l'importance et la spécialité des denrées. Ils savent que le blé est indispensable, et c'est pour cela qu'ils demandent la parfaite liberté de son commerce. Ce qu'il faut envisager avant tout, et ce que ne font pas les réglementateurs, c'est la production. Avant de s'occuper de la distribution d'une marchandise, il faut l'avoir. Que la production soit assez abondante, et la répartition sera facile. Or les règlements ruinent la production; gênant le commerce, ils empêchent les denrées de trouver des débouchés, par suite un prix rémunérateur sans lequel l'agriculture ne peut vivre. Par les entraves à la circulation et le manque de négociants, les grains ne peuvent aller des endroits où ils sont en excès vers ceux où ils font défaut, résultat que la liberté ne manquera pas de donner. La cherté n'est pas à craindre avec elle, ainsi qu'ils le montreront dans leur théorie du prix du marché général.

Quant au monopole, voyons s'il méritait toute l'attention qu'on lui donnait.

Dans tous les temps, fait remarquer Roscher, au lieu d'attribuer les disettes à des causes naturelles qu'on aurait dû chercher à déterminer afin d'en prévenir les retours funestes, on a préféré leur donner des origines occultes, les attribuer à des génies malveillants contre lesquels on cherche en vain à se prémunir. La loi des XII Tables défendait de jeter un sort sur les champs de blé d'autrui. Sous Charlemagne on attribue la disette à l'intervention de démons qui détruisent les récoltes; un édit ordonna la levée d'une dîme ecclésiastique pour payer les prières destinées à chasser les malins esprits. Lorsque dans le xiie siècle les Russes souffrirent de la cherté, ils l'attribuèrent aux sorciers. Des charlatans, raconte Roscher, parcouraient le pays cherchant des victimes, habituellement des vieilles femmes dont les prétendues maléfices étaient punis de mort.

Au xviiie siècle la civilisation est en progrès, le peuple plus instruit ne croit plus aux sorciers ni à l'intervention des démons, dit Herbert (1), aussi doit-on inventer le monopole. Favorisée par les événements, l'idée fit d'ailleurs promptement fortune. Accablé par des disettes successives dont il est incapable de saisir les causes, le peuple accepta sans hésiter cette explication, heureux de trouver enfin sur qui décharger sa haine et se venger de ses souffrances. Il ne trouva pas d'expression assez énergique

______

(1) *Roscher.* — Ouv. cité, p. 88. — Du commerce des grains. (Journal écon., Mai 1754, p. 64. — *Herbert.* — Essai sur la police générale, ouv. cité.

pour anathématiser les monopoleurs, pas de mesure assez rigoureuse pour les combattre.

Tous les règlements qu'on applique sont acceptés avec joie pourvu qu'on les dise faits pour combattre les accapareurs ; renchérissant sur leur sévérité, veillant à leur exécution, faisant justice lui-même quand il juge l'autorité trop patiente, le peuple résistera de toute son énergie quand on voudra les abroger.

Là encore, comme il arrive bien souvent, le peuple était trompé. Qu'il se soit trouvé quelques cas de vrai monopole, ce n'est pas douteux ; il est même probable qu'il était plus fréquent que de nos jours, le manque presque total de communications obligeant chaque région à se suffire avec ses seules ressources, le rendait bien plus facile. Mais il n'eût jamais l'importance qui lui fut attribuée. Une fois parti sur cette idée, on en a fait un singulier abus. On avait dit au peuple que la cherté était causée par les gros propriétaires qui refusaient de vendre et les négociants qui enlevaient les grains, et le peuple vit dans tout propriétaire, dans tout commerçant un monopoleur. On les trouve partout et tous les maux leur sont attribués. Le blé manque parce que la récolte n'a pas réussi, on accusera le monopole. Les prix haussent parce que des commissionnaires royaux font de gros achats, le peuple le voit, il accusera tout de même le monopole. Monopoleur celui qui trouvant les prix trop bas attend la hausse pour vendre. Monopoleur celui qui achète où il y a bon marché pour revendre où il y a manque. Ces sentiments sont d'ailleurs soigneusement entretenus par ceux qui gagnaient à la réglementation. L'exploitation de la légende du monopole leur donnant du revenu et du prestige, on comprend qu'ils y tiennent, et peut-être aussi, à force de montrer le monopole comme un danger, quelques-uns avaient-ils fini par en avoir peur eux-mêmes.

Tous les préambules des édits établissant des réglementations invoquent la nécessité de combattre le monopole, cause de tous les maux. Les auteurs tiennent le même langage : « Les disettes dont la France a été si souvent affligée jusqu'ici ne doivent être en général attribuées qu'aux monopoles et aux concussions d'un essaim de brigands, d'autant plus redoutables qu'ils méditaient leur coup de plus loin et qu'ils le préparaient dans le secret, et l'exécutaient avec hardiesse et impunité (1). »

Dans le même sens, Abeille (2) écrit : « Si l'on entend par disette l'insuffisance réelle des grains existants dans le royaume pour la subsistance de ses habitants, il ne serait pas difficile de prouver qu'il n'y a point eu de disette en France depuis plus d'un siècle. Si l'on entend par disette l'insuffisance apparente et l'excessive cherté des grains causée par le monopole ou l'avidité ; on en trouverait aisément des exemples. Le monopole est donc le seul mal dont il soit essentiel de se garantir, et pour s'en garantir rien n'est plus essentiel que d'en observer les causes et effets. » L'auteur distingue deux espèces de monopoleurs : De spéculation, consistant à répandre de faux bruits de disette ou de cherté pour faire hausser les prix et vendre cher le blé qu'ils possèdent ou ont arrhé. D'imitation, ceux qui voyant la hausse s'abstiennent de vendre pour

____

(1) Observations sur le commerce des grains dans toute l'étendue du royaume (Journ. éc., Mars 1763, p. 123).

(2) *Abeille*. — Faits qui ont influé sur la cherté des grains en France et en Angleterre. Avril 1768, paru sans nom d'auteur, pp. 1 et 2.

gagner plus. Moins coupables que les premiers ils sont bien plus nombreux et font plus de mal.

L'exemple étant donné, l'avidité gagne de proche en proche, créant une disette apparente aussi redoutable que la réelle, parce qu'il n'y a aucune différence pour le consommateur entre des blés qui n'existent pas, et des blés que le propriétaire soustrait à la consommation.

On faisait remarquer que les délinquants prenant des mesures pour se dissimuler, étaient très difficiles à connaître. Voici, est-il dit dans le *Journal économique* (1), un moyen employé par ces « espèces d'usuriers ». De peur d'être surpris, et pour se conformer à la loi d'approvisionnement, ils envoient effectivement au marché de temps en temps des sacs de blé, mais ils les font acheter par des personnes à gage qui leur remettent secrètement le blé et l'argent. Que la rareté et la disette arrivent dans une province par de pareils moyens, que pourront les cris du peuple? Que fera la vigilance du gouvernement? Le monopole existe cependant et produit les plus grands maux, mais il est à l'abri du châtiment grâce à son adresse. La preuve donc qui établit l'impossibilité du monopole sur les blés par la surveillance du peuple dont c'est l'intérêt, et par la punition du seul monopole constaté, est donc insuffisante, et il faut des mesures générales, par suite des règlements.

On demandera l'interdiction de l'exportation parce que le monopole ne trouvant plus de placement avantageux tombera de lui-même (2). Si malgré les mesures qu'on prend

----

(1) Journal économique, février 1754, pp. 117-118.
(2) *Malisset d'Hertereau.* — Ouv. cité, p. 40.

contre lui le monopole est si puissant, que serait-ce sous un régime de liberté?

Moins crédules que le peuple, les Physiocrates n'auront pas la même crainte du monopole. La pratique des ventes simulées notamment ne leur paraît pas bien dangereuse, parce que du moment que le fraudeur est obligé de mettre un tiers dans ses affaires le stratagème devient coûteux, et il est bien rare qu'on ne le découvre pas.

On parle toujours du monopole, disent-ils, sans pouvoir jamais nous en montrer un seul. A peine dans ses longues enquêtes le commissaire Delamarre peut-il en citer cinq ou six cas isolés, c'est donc une preuve qu'il n'est pas si fréquent qu'on veut bien le dire, qu'il n'existe qu'à l'état d'exception, au moins pour ce qui concerne les particuliers. Mais il y a un monopole auquel on n'a jamais fait attention, qui cependant existe, bien organisé, opérant au grand jour, sous les regards et la protection de l'autorité bienveillante, c'est celui qui est formé par la réglementation.

N'est-ce pas un véritable monopole qu'exercent les commissionnaires royaux et les négociants privilégiés? Monopole signifie seul marchand, ce n'est donc pas le profit considérable du marchand qui le constitue monopoleur, ce sont ses manœuvres pour exclure des concurrents et se rendre autant qu'il le peut seul vendeur et seul acheteur (1).

Tel est le résultat obtenu par les marchands accrédités qui, favorisés dans leurs opérations, spéculant avec l'argent de l'Etat, ont détruit tout commerce privé. C'est à

______

(1) *Baudeau.* — Lettres sur le commerce des grains (Eph. 1775, I. p. 65).

tort qu'on se laisse éblouir par leur caractère officiel, les titres qu'ils se donnent, les services qu'ils prétendent rendre. Se basant sur le résultat final et les faits indé-niables, les Physiocrates leur diront : C'est vous qui êtes les monopoleurs. Vos protestations n'ont d'autre but que de détourner l'attention. Vous criez au voleur pour qu'on ne vous soupçonne pas et le procédé vous a réussi jus-qu'à présent. Cela n'a que trop duré.

Faits pour combattre un monopole problématique, en tout cas fort rare et toujours partiel, les règlements ont produit un monopole permanent et général. C'est donc preuve qu'on a fait fausse route pour obtenir le résultat désiré, il faut recourir à la liberté, et les Physiocrates prouvent la justesse de ce qu'ils avancent.

Le commerce des grains étant libre, peut-il y avoir monopole? Avec la liberté on aura trois catégories de vendeurs de blé. Le propriétaire producteur, les petits marchands qui font le commerce de détail, les commer-çants proprement dits qui font le commerce en gros (1).

Le commerce de détail ne peut faire monopole; ses opérations étant peu importantes n'agissent que sur un très petit rayon. Restent donc les propriétaires et les né-gociants. Le peuple, disait-on, ne doit pas être la victime de leur trop grande avidité qui voudrait « changer les grains de blé en autant de grains d'or » (2).

Le propriétaire, libre désormais de vendre à sa guise, gardera sa récolte pour faire hausser les prix (2). Mais ce n'est pas là un monopole. Il use simplement de son droit

____

(1) *Baudeau.* — Lettres sur le commerce des grains, *op. cit.* (Eph. 1775, I, 70).

(2) Journ. de l'Agric., du Com. et des Fin., juil., 1765, p. 54.

de propriété qui l'autorise à donner à sa chose la destination qui lui paraît la plus convenable. D'ailleurs la liberté saura l'amener à vendre, par la crainte qu'elle lui donnera de voir d'autres vendeurs prendre sa place, et par l'égalisation qu'elle maintiendra dans les prix.

Toutes les craintes se portent donc sur les négociants. Avec la liberté, disait-on, il se formera une compagnie de gros financiers pour acheter toute la récolte en herbe ou au moment du battage (1), et tenir ensuite les prix aux taux qu'elle voudra ; et comme il faut vivre, on sera obligé de céder. C'est une supposition irréalisable disent les Physiocrates (2). Cette compagnie ne pourra acheter à bas prix, car tant que les grains se vendront bon marché les blattiers achèteront, et les propriétaires garderont pour attendre la hausse puisqu'on est en liberté. Supposons d'ailleurs les achats réalisés. On nous dit que la compagnie pourra revendre au prix qu'elle veut ? Oui, mais cela ne durera pas. Attirés par ces hauts prix, les blattiers, les propriétaires des pays voisins, de nouvelles compagnies même accoureront en foule, le blé abondera sur cette

----

(1) Par crainte du monopole les règlements interdisaient la vente du blé en vert et l'arrhement au grenier, pratiques permettant au négociant de se rendre acquéreur, en une seule opération, de stocks considérables de grains. Les Physiocrates blâment ces défenses. Qu'importe la couleur, du moment que le propriétaire vend, c'est qu'il en a besoin. S'il le fait par avance, c'est qu'il lui faut des fonds pour continuer l'exploitation ; ne vaut-il pas mieux qu'il s'en procure ainsi que d'emprunter à gros intérêts. Il ne faut le défendre que dans le cas d'exploitation usurière évidente. (Lettre du Parlement de Provence au roi). (Eph. 1769, II, p. 172).

(2) *Baudeau.* — Lettre sur le commerce des grains, ouv. cité. (Eph. 1775, I).

place où tout à l'heure on criait famine, les prix reviendront au taux normal, et les monopoleurs feront de grosses pertes. S'ils ont acheté tout le blé d'une province (ce qui est peu probable étant donnés les énormes capitaux que nécessiterait une telle opération), les provinces voisines apporteront leur récolte. Auraient-ils tout le blé de France que l'importation libre viendrait encore déjouer leurs projets. Pour réussir il leur faudrait acheter la production de tout le globle (1).

Tout ce que le monopole peut produire, ce sont des gènes passagères, mais le consommateur sachant qu'il peut désormais compter sur un prompt secours ,attendra pour faire ses achats. Au lieu de s'attacher à punir un monopole incertain et presque impossible à découvrir, dit le parlement de Dauphiné, sa recherche nuisant d'ailleurs plus à l'ordre public que la punition ne lui sert, ne vaut-il pas mieux le rendre impossible en favorisant la concurrence (2).

Battus sur ce terrain, les adversaires de la liberté présentent d'autres objections. Il est possible, disent-ils, que le système présenté par les économistes ait de grands avantages, mais le peuple ne pourra jamais comprendre leur raisonnement. Habitué aux règlements qu'il croit indispensables, leur suppression éveillerait ses craintes ; que le moindre malaise se produise, il l'attribuera au régime nouveau, et alors ce seront des plaintes et peut-être des émeutes sanglantes. Le peuple ne raisonne pas quand il est dans le besoin. Continuant à voir le monopole dans tout achat de grains, il arrêtera les convois des mar-

____

(1) *Baudeau*. — Avis au peuple, ouv. cité. (Eph. 1768, I, p. 170).
(2) Lettre du Parlement de Dauphiné au roi (Eph. 1769, VII).

chands. Or il est impossible d'avoir une police assez forte pour appuyer sur tous les chemins la liberté que le peuple abusé continuera à redouter (1).

Les plus conciliants, qui n'étaient pas toujours les plus sincères, ajoutaient : Il faut commencer à habituer le peuple à l'idée de liberté, relâcher peu à peu la réglementation, et attendre pour l'admettre que le moment soit favorable ; *Nil repente,* dit Galiani, et il résume le danger qu'un changement trop précipité pourrait faire courir dans ce vers d'Horace qu'il a mis comme épigraphe à ses dialogues : *In vitium ducit culpæ fuga si caret arte.*

Dans le même esprit Necker écrit : « Lors même qu'on trouverait diverses observations raisonnables, il ne faudrait les adopter dans l'exécution qu'avec une grande lenteur, et un ménagement infini (2). »

Mais quand aurait-on jugé ce moment favorable arrivé ? Les Physiocrates voyaient bien que s'ils cédaient, leurs réformes ne s'accompliraient jamais, aussi restent-ils inébranlables. Des auteurs, disent-ils, voudraient attendre qu'on eût établi des canaux et des communications du centre au midi, mais tous ces travaux ne pourront se faire que quand la liberté nous aura donné des ressources (3).

Ils sentent bien cependant la gravité de l'objection, connaissant l'importance du préjugé populaire contre les commerçants en grains. « On a dit avec raison, écrit le Parlement de Provence, qu'il fallait ménager l'opinion populaire sur les subsistances, comme les yeux dont on vient

(1) Éphémérides, 1767, VIII, p, 116.

(2) *Necker.* — Ouv. cité, p. 353.

(3) Réflexions pour répondre à une lettre contre la liberté (publiée à la suite du mémoire de Dupont sur la liberté toujours utile, p. 155.

d'enlever la cataracte (1). » Le pillage des convois n'était pas rare à cette époque « où tout transport de grains cause de la frayeur » (2). Mais ce n'est pas une raison pour reculer devant une réforme utile. Le peuple a peur parce que des meneurs intéressés lui ont fait croire au danger. Montrons-lui qu'il a été trompé, faisons-lui sentir les avantages du nouveau système, et il reviendra de son erreur. « Le peuple est un enfant, au lieu de le bercer dans ses craintes, approchez la lumière du fantôme qu'il redoute, dissipez les ténèbres qui sont la seule cause de ses frayeurs, et placez-le sans balancer dans la situation heureuse où les fausses apparences du danger se présenteront rarement, et s'évanouiront d'elles-mêmes (3). »

Ils conseillent d'ailleurs de prendre tous les ménagements pour arriver à ce résultat. « Répondez avec douceur et en détail aux plaintes populaires que vous entendrez chaque jour, et faites parler le langage de la raison plus que celui de l'autorité (4). » Pour ménager le préjugé populaire, ils persuadent les propriétaires d'approvisionner les marchés de temps en temps. Ennemis de toute faiblesse, s'ils veulent qu'on soit prudent et doux dans les moyens de persuasion, ils demanderont l'énergie dans la répression, sans quoi on compromettrait tout le travail. Si malgré tous ces soins des émeutes se produisent, le magistrat doit chercher à punir les meneurs en évitant tout ce

---

(1) Lettre du Parlement de Provence (Éph., 1769, II, 188).

(2) *Herbert*, — Essai sur la police, ouv. cité, p. 65.

(3) Lettre de M. G... à un magistrat sur les discussions relatives à la liberté du commerce des grains (Éph., 1768, VIII, pp. 96-97.

(4) Lettre d'un magistrat aux officiers de police où il y a des marchés de grains dans sa généralité. (Éph., 1768, VIII, p. 110).

qui peut frapper les yeux de la populace et lui faire croire qu'on partage ses craintes, car « lors même qu'on croit devoir quelques ménagements au préjugé populaire, il ne faut jamais lui donner lieu d'imaginer qu'on les adopte, encore moins qu'on y cède pour un motif de crainte ou de faiblesse » (1).

Les émeutes d'ailleurs n'ont lieu que quand il se trouve des meneurs pour exciter le peuple, et Condorcet (2) fait remarquer fort judicieusement que dans les révoltes, on voit à la tête non pas les plus malheureux mais les plus déshonorés, ceux qui les suivent sont entraînés non par la faim mais par la haine que les premiers leur ont suggérée. La guerre des farines est la confirmation de cette assertion (3).

Les premières années qui suivirent la déclaration de 1763 semblent donner raison aux Physiocrates, mais avec la famine, reviennent les émeutes. Les partisans des règlements exploitent la situation. C'est une preuve, disent-ils, qu'on ne peut convaincre l'opinion publique, puisque les préjugés qu'on croyait à jamais vaincus reparaissent plus forts que jamais à la première cherté. Et ils énuméraient les nombreux transports que la foule inquiète arrêtait de toutes parts insistant tout particulièrement sur les émeutes de Rouen qui semblaient plus significatives, la Normandie étant une des provinces fournissant le plus de grains.

(1) *Ibid.*, pp. 123-124).

(2) *Condorcet.* — Lettre d'un laboureur de Picardie à M. N.... auteur prohibitif. Paris, 1775.

(3) Voir à ce sujet les œuvres de Turgot, tome II, pp. 189 et 191 à 197.

Les prix ayant beaucoup haussé à Rouen en 1768, le peuple commence à murmurer. Un bateau chargé de grains dirigés sur Paris ayant été aperçu en Seine, le peuple accourt pour l'arrêter, criant au monopole. Le subdélégué effrayé fait saisir le convoi et distribue une mine de grains par tête à chaque manifestant. Le bruit s'en étant répandu, une foule de demandeurs arrive à Rouen le marché suivant, demandant le même bénéfice et proférant des menaces. Le Parlement effrayé, remet en vigueur les ordonnances pour faire garnir les marchés et établit une taxe du pain.

Tels sont les faits qu'on opposait aux Physiocrates. Sans se déconcerter ceux-ci répondent : De tels événements ne prouvent rien contre la liberté : on les voyait fréquemment sous les réglementations. Ce n'est pas le régime qui les produit mais la disette. On peut d'autant moins les invoquer contre la liberté que l'édit de 1763 n'a jamais été appliqué en Normandie, laquelle est toujours restée sous le régime des réglementations. La disette de Rouen en particulier doit être attribuée à sa corporation de marchands privilégiés qui y exercent un véritable monopole et chassent tout commerce privé (1). Au lieu de décréter l'approvisionnement des marchés, le Parlement aurait dû faire respecter la liberté des transactions, ce qui aurait produit l'abondance. Et si en attendant il y avait des malheureux sans pain, c'est par l'aumône qu'on devait les secourir, non en leur distribuant du pain appartenant à autrui.

Quant à l'émeute elle-même, on ne peut pas l'attribuer

____

(1) Entretien sur le commerce des blés entre un habitant de Rouen et un militaire. (Éph. 1769, II, pp. 70 à 86).

au préjugé populaire. Elle est due en partie aux fileurs des manufactures retenus dans la ville par les règlements et malgré le chômage (1). Avec la liberté du commerce et la liberté du travail on aurait évité tout ce bruit.

Un dernier argument opposé aux Physiocrates consistait à réclamer contre la généralité et la permanence des mesures qu'ils demandaient. Galiani et Necker sont sur ce terrain les champions de l'opposition.

Galiani est adversaire d'une loi générale, parce qu'il faut pour qu'une mesure soit bonne « que les principes s'appliquent au temps, aux heures, aux circonstances. Tout cela étant essentiellement variable, il faut que la loi soit assez simple pour se plier à tous les changements, très nombreux ainsi qu'il le montre. « En fait d'économie politique, un seul changement fait une différence immense. Un canal qu'on aura creusé, un port qu'on aura construit, une province acquise, une place perdue, une manufacture établie, suffit pour obliger à changer le système entier d'un grand empire relativement au commerce des blés. Je ne veux pas même aller si loin, je dis que de deux royaumes également fertiles, également peuplés, égaux en tout enfin, si la province fertile en blé est différemment située, cela seul suffit pour obliger le gouvernement à suivre deux systèmes opposés (2). »

Pas de loi générale donc, et il est inutile de vouloir défendre cette politique par l'exemple des États qui en usent tout en y trouvant avantage, parce que si l'expérience sur laquelle on se fonde ne s'adapte pas exactement

(1) Lettres sur les émeutes populaires que cause la cherté. (Éph., 1868, XII, pp. 96 à 118).

(2) *Galiani*. — Dialogue sur le commerce des blés, pp. 13 et 14.

au cas dans lequel on est (et cela est absolument impossible) elle ne peut être d'aucune valeur (1). Galiani se départissant de cette rigueur donne cependant, après avoir classé les états en diverses catégories, des cadres de législation générale pouvant convenir à chacune, mais il se prononce contre l'adoption pour la France de l'entière liberté d'exportation.

De son côté Necker, malgré les avantages qu'il reconnaît à une loi « générale, uniforme et constante », est obligé d'avouer qu'elle est impossible. « Tu ne tueras point, tu ne déroberas point, tu ne rendras pas de faux témoignage, sont des lois éternelles dont la simplicité absolue est conforme à la simplicité du principe qui les a dictées : ce sont des lois faites pour les hommes de tous les pays et de tous les siècles ; mais il n'est rien qui puisse moins s'accorder de cette simplicité que la législation sur les blés. Comment la même gêne, la même liberté, le même système, pourraient-ils convenir à tous les temps, lorsque ces temps en matière de blés n'ont aucun rapport ensemble ? L'année abondante rappelle sans cesse l'idée de superflu, l'année disetteuse présente continuellement la crainte de manquer du nécessaire. On ne peut donc empêcher qu'une loi permanente, en traversant des circonstances aussi discutables, ne soit nécessairement imparfaite quand elle est absolue (1). » « Une loi sur le commerce des grains ne peut être permanente qu'autant qu'elle est sagement modifiée ; ce n'est qu'à cette condition qu'elle se plie aux circonstances (2). »

(1) *Galiani*. — Ouv. cité, p. 8.
(2) *Necker*. — Législation et commerce des grains, pp. 345-346 et 324.

Comment peut-on arriver à ce résultat ? Laisser à chaque province le soin de légiférer pour son territoire sur le commerce des grains ? Mais Necker reconnaît que ce serait sacrifier l'intérêt général à l'intérêt local. L'idéal serait d'avoir « à la tête de l'administration un homme dont le génie étendu parcourût toutes les circonstances, dont l'esprit moelleux et flexible sût y conformer ses desseins et ses volontés ; qui, doué d'une âme ardente et d'une raison tranquille, fût passionné dans la recherche du bien et calme dans le choix des moyens ; qui juge intègre et sensé des droits de différentes classes de la société, sût tenir d'une main exercée la balance entre leurs prétentions ; qui, se faisant une juste idée de la prospérité publique, la secondât sans précipitation ; et considérant les passions des hommes comme un fruit de la terre, proportionnât sa marche à cette nature éternelle, et ne se fît un tableau de la perfection que pour exciter son propre courage, et non pour s'irriter des obstacles » (1). Mais c'était trop exiger d'un simple mortel. Comme Platon de son législateur, Necker sera obligé de convenir qu'un pareil génie ne saurait jamais se rencontrer. Un conseil chargé de régler annuellement la législation des grains ne présenterait que des désavantages. Le seul système possible, quoique imparfait, lui paraît être celui des règlements administratifs suivi jusqu'à ce jour.

Les économistes répondront : Ces critiques s'appliquent à une loi générale impérative, parce que les commandements ou les défenses qu'elle édicte sont faits pour une circonstance donnée, et leur utilité tombe avec le motif qui les a fait naître. Rien de pareil ne peut être reproché à la liberté.

____

(1) *Necker*. — Ouv. cité, p. 320.

Sans faire aucune injonction, elle se contente de « laisser faire », c'est à-dire permet à chacun d'adapter sa conduite aux circonstances. La disette est-elle dans une province? les hauts prix décideront le commerce à y transporter des grains ; est-ce l'abondance? le bon marché attirera des acheteurs. Ainsi sans que l'administration ait besoin d'intervenir, le résultat désiré sera obtenu, au moment voulu, sans dépenses, sans risques, toutes garanties que la réglementation la plus consciencieuse ne saurait donner. Tant il est vrai que dans le commerce abandonné à lui-même l'intérêt particulier concourt avec l'intérêt général, et quand cette condition se réalise, ce qu'on peut faire de mieux est de laisser chaque homme libre de faire ce qu'il veut (1).

(1) *Turgot.* — Éloge de Gournay. OEuvres. Tome I, p. 270.

TROISIÈME PARTIE

LA LIBERTÉ

La Liberté du commerce intérieur.

La tentative des Physiocrates ne fut pas vaine et le
succès vint bientôt couronner leurs efforts, montrant à ces
hommes courageux et persévérants, que si la lutte avait
été pénible, ce n'était pas en vain qu'ils avaient combattu.
L'édit du 25 mai 1763 proclame la liberté du commerce
des grains à l'intérieur du royaume. L'année suivante
(édit du 19 juillet 1764), le même bénéfice est accordé au
commerce extérieur. Les préambules de ces deux édits
s'inspirent de la doctrine des Économistes dont ils ne sont
qu'un résumé.

L'opposition n'était cependant pas tout à fait vaincue et
le pouvoir royal crut devoir lui accorder satisfaction en
restreignant la liberté sur quelques points, concessions au
préjugé populaire faites avec regret ainsi que le montrent
très clairement les passages qui les mentionnent. « Quant
à présent et jusqu'à ce qu'il en soit autrement par lui (le

roi) ordonné », porte l'édit de 1763 ; et le roi déclarait dans une lettre patente du 5 mars 1764, que ces restrictions devaient durer « jusqu'à ce que les circonstances permettent d'aviser aux moyens qui pourraient concilier ces droits avec la plus grande liberté » (1).

Les Physiocrates blâmeront ces faiblesses à qui ils attribuent l'échec de tout le système. « En rendant l'exécution de la loi faible et partielle elles ont borné la concurrence et donné des armes au monopole (2). » Elles ont fait croire au peuple qu'une partie au moins des dangers qu'il redoutait étaient réels, et donné aux adversaires des moyens faciles de frauder la loi.

Pour le commerce intérieur, ces restrictions portaient sur le maintien des règlements concernant l'approvisionnement de la capitale. Peu grave en elle-même, cette dérogation eut de gros inconvénients, permettant aux autorités hostiles au nouveau système de faire revivre les réglementations tout en ayant l'air de se conformer à la loi.

Plus graves pour le commerce extérieur, elles consistent dans la limitation du nombre des ports de sortie et la fixation d'un tarif limitatif d'exportation. Dès que le blé atteint sur le marché d'une province, pendant trois réunions consécutives, le prix de 12 livres 10 sols le quintal (30 livres le setier de 240), l'exportation était interdite de plein droit dans toute la province. Il était facile d'obtenir ce prix, l'ordonnance ne disant pas que

____

(1) Lettre patente du 5 mars 1763. Arch. nat. AD, XI, 39, cité par Afanassiev, ouv. cité, p. 11.

(2) Lettre du Parlement de Dauphiné, *op. cit.* (Éph. 1769, VII, p. 212)

pour être efficace il dût s'appliquer à la majorité des transactions. Il était valable quelle que fût la quantité vendue.
Les partisans des restrictions n'avaient qu'à s'entendre
pour conclure les trois ventes exigées pour une infime
quantité, mais avec le prix voulu, et la loi de 1764 était
rendue illusoire. En réalité c'est ce qu'on fit couramment.
Plusieurs Parlements d'ailleurs, refusant d'enregistrer les
nouvelles lois, laissèrent pratiquer dans leur ressort la
législation antérieure.

Dans son discours sur la liberté, M. de Chavanne signale
les Juges d'Orléans, Chartres, Montargis qui ont rendu
des ordonnances rétablissant les anciennes contraintes (1).
Un argument, invoqué par les adversaires de la liberté,
consistait à dire que les obligations de vendre au marché
ne sont pas contraires aux édits de 1763 et 1764, aucun
d'eux ne mentionnant leur abolition ni la permission de
vendre au grenier. Mais tout cela y était implicitement
contenu. Accorder la liberté veut dire permettre de vendre
là où l'on veut. L'abrogation de l'obligation de vendre au
marché était si vraie qu'on crut devoir faire une mention
toute spéciale pour excepter Paris (2).

Les premières années, le nouveau système marchant
bien, l'opposition n'osa pas trop paraître. Elle travaille
cependant dans l'ombre, et l'abbé Baudeau signale ses
manœuvres, « les propos qu'elle sème, les libelles, affiches
et mémoires qu'elle répand, les émeutes qu'elle tâche de
susciter en payant des femmes pour insulter les honnêtes

-----

(1) Discours de M. de C... sur la liberté du commerce des grains
(Éph. 1769, X, p. 140.

(2) Objections et réponses sur le commerce des grains et farines.
(Éph., 1769, I, p. 87).

négociants qui achètent pour la provision journalière de Paris et des grandes villes ou des provinces menacées de disette » (1).

La disette des années 1767-68-69 lui sert de prétexte pour attaquer la liberté à qui elle attribue tout le mal. Les Physiocrates défendront bien leur système avec la même énergie qu'ils avaient mise à combattre les règlements, mais les événements seront contre eux. Sourd à leurs explications le peuple ne verra qu'une chose, c'est que le pain manque et que la liberté est impuissante à lui en fournir. De là à croire que c'est elle qui cause la disette, il n'y avait qu'un pas, et les ennemis de la liberté auront le triomphe facile.

Comment le revirement s'est il accompli? Les Économistes nous le disent. « Cette complication extraordinaire d'événements malheureux (ils veulent parler de ceux qui ont amené la disette) a effrayé les citoyens timides et paresseux qui, habitués sans savoir pourquoi aux lois prohibitives, étaient disposés à craindre la liberté et faute de la connaître lui ont attribué tout le mal. Ils ont vu la cherté, beaucoup trop grande sans doute à quelques endroits, ils ont entendu prononcer le mot de liberté, ils avaient ouï parler d'exportation, ces trois idées se sont intimement unies dans leur imagination alarmée. D'autre part les gens moins honnêtes, intéressés à la prohibition, ont profité de ces malheurs pour fomenter des craintes, et les inquiétudes auparavant sourdes et secrètes sont devenues des clameurs vives et publiques contre la liberté (2). »

Par l'arrêt du 23 décembre 1770 l'abbé Terray, malgré

(1) *Baudeau.* — Avis aux honnêtes gens. (Éph., 1768, p. 64).
(2) De la liberté du commerce des grains. (Éph., 1769, I, p. 66).

les éloquentes protestations que lui avait adressées Turgot dans ses lettres sur la liberté du commerce des grains, remettra en vigueur le régime antérieur.

Le coup fut dur pour les Physiocrates. Sans se déconcerter, ils continuent ardemment la lutte, recrutant chaque jour de nouveaux partisans. Un moment victorieux avec Turgot ils succombent encore devant leurs puissants ennemis, et ce n'est qu'avec la Révolution française que le triomphe définitif paraîtra pour eux.

Malgré tout et dès 1763, ils ont pu voir que leur œuvre n'est pas restée inutile. Un point restera acquis, en doctrine au moins, c'est l'utilité de la liberté du commerce intérieur. Leurs adversaires eux-mêmes prendront cette liberté comme un fait établi, qu'on ne peut plus songer à mettre en doute. « Je reconnais, écrit l'un d'eux, que le commerce des grains doit jouir de la plus grande liberté dans l'intérieur du royaume, qu'il est contre l'humanité et contre tout ordre politique que les provinces ne puissent se secourir les unes les autres. Tous les Français ne composent qu'une même famille et doivent se traiter en frères, et il m'a toujours paru absurde que des provinces soumises au même souverain, ne puissent pas s'aider dans leurs besoins réciproques (1). » Galiani s'en servira pour combattre la liberté du commerce extérieur, prétendant qu'elle pourrait nuire au commerce intérieur (2), et l'auteur du Journal de *l'Agriculture* rendant compte sur ce point des opinions de l'abbé écrira : « Nous pensons comme Galiani que la circulation absolument libre à l'intérieur du royaume

(1) Réponse du magistrat de Rouen au gentilhomme de Languedoc. (Journal de l'Ag., du Comm. et de Fin., octobre 1768, p. 1.

(2) *Galiani.* — Ouv. cité, pp. 172 et suivantes.

serait plus fructueuse que toutes les exportations. Que les Économistes crient pour elle, et tout le monde fera bientôt écho (1). »

Une partie de la doctrine étant admise, toute la discussion portera donc sur l'exportation. Les uns, l'accusant de tous les maux, prétendent que son libre exercice amènerait la disette dans le pays; les autres diront au contraire qu'elle ne peut produire aucune gène, et que son libre trafic est indispensable pour faciliter la liberté intérieure et encourager l'agriculture.

Trois partis se prononcent sur l'exportation : 1º Les adversaires, qui rejetant le principe lui-même veulent l'interdire complètement; 2º Ceux qui admettant le principe de l'exportation, croient qu'on lui doit imposer certaines restrictions pour parer aux dangers qu'une pratique absolument libre pourrait produire; 3º Les partisans de l'entière liberté d'exportation.

———

Les ennemis de l'exportation.

Le nord de la France, Paris en tête, est opposé à l'exportation. Deux provinces seules en prennent la défense, ce sont la Bretagne et l'Orléanais. Le Midi au contraire, Montauban excepté, s'y montre favorable. Cela s'explique

(1) Compte rendu des dialogues sur le commerce des blés. (J. A. C. F., avril 1770, p. 164).

par les conditions différentes imposées au commerce des
grains. Le Nord plus que le Sud avait subi la pression des
règlements. De part et d'autre les Parlements enverront
des avis pour soutenir la cause qui leur est chère, et nous
remarquons que ceux des magistrats du Midi sont bien
plus sérieusement motivés que les autres.

Quelles raisons invoquait-on contre la liberté du commerce extérieur? L'agriculture française produit juste ce
qu'il faut pour la nourriture des nationaux. Vouloir faire
sortir des grains, c'est prendre l'indispensable d'une partie
des sujets et faire pour tous augmenter les prix. L'illu-
sion de superflu est donnée par quelques années d'abondance, mais qui ne sont qu'une exception sur laquelle il ne
faut pas se baser. D'ailleurs y aurait-il un superflu réel
et constant que ce ne serait pas une raison décisive pour
changer de politique. L'exportation est une marque de
faiblesse, puisqu'elle montre que l'État a une population
inférieure à celle qu'il pourrait nourrir. L'administration
doit y parer en provoquant une population suffisante. Or,
ce qui favorise la multiplication des individus, c'est le bon
marché des vivres, bon marché que donnera la prohibition d'exportation (1).

Tout en reconnaissant que si la population était assez
nombreuse pour consommer la production nationale il
ne faudrait pas d'exportation, les Physiocrates prétendent
qu'il y a un superflu évident. Dans ses *Récréations économiques,* Roubaud montre qu'en 1764 il y avait un tel
superflu que les greniers regorgeaient de marchandises

(1) Réflexions d'un ancien militaire au sujet de l'exportation des
grains en pays étrangers (J. A. C. F., septembre 1768. pp. 151 et 152).

qui se détérioraient et les prix étaient si vils qu'ils décourageaient la culture (1), Dupont signale le gaspillage des grains. « On en donne beaucoup aux animaux, parce qu'on ne peut le vendre (2). » Dans le même sens, ils citaient Vauban dont un calcul établissait que la France, avec une population de 18 millions d'habitants, produit annuellement de quoi en nourrir 25 millions, et on rappelait après Herbert que Delamarre, dans son *Traité de la police*, signale pour les disettes de 1662-1693-1699 la faible quantité de 30 à 40 mille muids achetés à l'étranger, dont une partie même fut inutile et revendue à bas prix ou se gâta dans les dépôts (3).

Devant ces raisonnements très documentés en faveur du superflu, les adversaires de l'exportation répondent : Admettons l'existence d'un superflu. Mais c'est à lui seul qu'on doit permettre la libre sortie du royaume, parce que lui seul est inutile. Mais comment peut-on le déterminer ? Le gouvernement seul a les renseignements suffisants pour connaître ce qui est annuellement en trop, et lui seul est intéressé à conserver le nécessaire, puisque en cas de manque il est obligé d'approvisionner. Lui seul peut donc décider quand et dans quelles proportions il y a lieu d'exporter. S'en rapporter à ce sujet à la libre initiative des commerçants serait s'exposer aux plus grands maux. Du moment en effet où il y trouve un bénéfice, peu importe au marchand d'enlever des denrées indispensables ou superflues. « Si les économistes eussent senti que le

(1) *Roubaud*. — Récréations économiques. (J. A. C. F., juillet 1770).

(2) *Dupont*. — Réponse à une lettre contre la liberté, 10 mars 1764.

(3) *Herbert*. — Essai sur la police. ouv. cité, p. 131.

commerce, qui dans bien des circonstances procure la richesse des nations, est toujours basé sur la cupidité, ce qui est incompatible avec l'amour de la patrie, ils n'auraient pas été pour l'exportation libre et auraient vu qu'elle ne peut donner que des résultats aussi alarmants qu'impuissants quand elle ne produit pas de calamité publique (1). » Mettant les choses au mieux et supposant même un commerçant patriote et animé des meilleures intentions, comment pourra-t-il borner son enlèvement au juste superflu ?

Les économistes, dit un de leurs contradicteurs (2), prétendent que l'on n'exportera jamais le nécessaire. C'est vrai dans un sens, faux dans l'autre. On n'exporte jamais le nécessaire connu pour tel, mais, quand les quantités approchent du juste besoin, un accident sur la récolte peut d'un moment à l'autre rendre nécessaire ce qui n'a pas été prévu devoir le devenir. « Il faut donc des bornes à l'appât d'exporter, et plus on méditera cette matière sous ses divers aspects, moins on se portera à assimiler en tout les grains aux autres denrées. Tout enlèvement du nécessaire est cause de la famine. Aussi l'État qui est le père de tous les sujets, a-t-il le droit et même le devoir de veiller à ce qu'il n'en arrive pas ainsi. On prétend que si on exporte c'est que d'autres pays ont besoin, et que la charité nous fait un devoir de les secourir ; mais la charité n'exclut pas l'esprit de conservation, et le proverbe ajoute que bien ordonnée elle commence par soi-même.

(1) *Malisset d'Herterau.* — Ouv. cité, p. 139.

(2) Journal de l'agriculture, du Commerce et des Finances, 1768, août, p. 106).

Si l'exportation est dangereuse avec notre commerce national, que serait-ce avec le commerce étranger ayant chez nous même latitude et même facilité que le nôtre? L'étranger n'aura aucun scrupule et l'opération qui nous enlèvera notre nécessaire sera doublement heureuse pour lui. A l'avantage économique résultant du gain commercial ordinaire, viendra s'ajouter l'avantage politique résultant des dépenses que l'État rival devra faire pour réapprovisionner et des troubles que la disette produira chez lui. Ce dernier point de vue permettra aux étrangers de faire des sacrifices sur le premier, ce qui pourra occasionner l'enlèvement de quantités énormes de grains. Poussant ces raisonnement à l'extrême, certains auteurs craignent « que l'Angleterre et la Hollande, habiles commerçantes, ne nous achètent tout notre blé pour nous le revendre ensuite plus cher (1) ».

Les économistes montreront que cette crainte est chimérique. Nous n'avons jamais songé à le faire vis-à-vis de l'Angleterre et de la Hollande qui ont la liberté, pourquoi nous le feraient-elles? Nous avons d'ailleurs des garanties plus sérieuses que cette constatation. Une telle opération nécessiterait des sommes considérables. Aucune nation n'est assez riche pour faire de telles avances, et le pourrait-elle, qu'elle hésiterait à les engager dans une entreprise aussi périlleuse. Ils signalent cette contradiction de leurs adversaires qui, pour le commerce intérieur craignent que le cultivateur ne vende pas, et pour le commerce extérieur, qu'il vende trop (2).

---

(1) Journal économique, février 1754, p. 119.

(2) *Baudeau*. — Eclaircissements demandés à M. N..., ouv. cité. (Éph., 1775, VII, p. 138).

Pour revenir de cette erreur, il suffit de réfléchir à ce qu'est le commerce et de quelle façon il agit. Le mot liberté d'exportation représente aux yeux de ses adversaires une énorme sortie de grains, une « exportation illimitée ». En réalité c'est tout différent. Liberté d'exportation veut dire que le négociant enlève quand il veut, sans impliquer une sortie exagérée ; il peut même n'y en avoir aucune malgré la liberté.

Pas plus que leurs adversaires, les économistes ne comptent sur le patriotisme des négociants pour régler leurs achats d'après le superflu. Ils savent parfaitement que la majorité n'est guidée que par l'intérêt personnel, mais c'est précisément cet intérêt qui les empêchera de faire sortir plus que le superflu, alors même qu'ils voudraient agir autrement.

C'est un tort de croire que le commerçant est libre dans ses opérations. Il est dominé par les événements qui décident de leur étendue et de leur durée. Pourquoi cherche-t-il à exporter ? Pour réaliser un profit. Comment y réussit-il ? Quand le blé étant en abondance en France et à bas prix, manque dans un pays étranger où il est par suite très cher. Si, en comptant les frais de transports et les risques, l'écart entre le prix d'achat et le prix de revente est assez fort pour accorder un bénéfice, l'exportation a lieu ; mais elle cesse dès que cet écart ne couvre plus les débours. « L'exportation est toujours limitée par les bornes du profit (1) ». Or, par le seul fait de l'exportation, cet écart tend à disparaître. Les enlèvements faits aux lieux d'achat faisant hausser les prix en diminuant l'offre, et le transport sur

______

(1) Examen de l'examen des principes sur la liberté du commerce des grains. (Éph., 1768, XII, p. 153).

les lieux de vente abaissant les prix en faisant diminuer la demande..

Mieux que tous les règlements, ce rapprochement des deux prix d'achat et de vente limite les opérations du commerçant. Nous avons encore sur les pays où on exporte un grand avantage, c'est l'économie de tous les frais et risques de déplacement. « Les frais de transport sont si considérables qu'ils forment un très grand obstacle à la sortie, et ne la permettent que quand il y a ailleurs une cherté assez grande. Ils l'arrêtent dès que le prix vient à diminuer à l'étranger et augmente chez nous, ce qui doit ramener les plus timides sur la crainte d'une sortie trop abondante, et faire sentir l'avantage qu'il y a à diminuer ces frais (1). »

L'exportation n'est donc possible en France que quand nous avons des prix très bas, c'est-à-dire un superflu notoire. A mesure que celui-ci diminue les prix haussent, et quand on arrive au nécessaire ils sont si élevés qu'on ne peut plus exporter faute de gain en perspective. Cet arrêt ne concorde pas toujours strictement avec l'épuisement du superflu ; parfois il le devance, parfois il est en retard. Mais quel mal y a-t-il ? Supposons le superflu dépassé. On a tiré une partie du nécessaire, ce qui amènera une hausse des prix ; c'est vrai, mais cette hausse sera une perspective de gain, une « mire à profit », selon l'expression de James Stuart, et aussitôt les commerçants accourront pour en bénéficier, apportant leurs marchandises, et tout rentrera dans l'ordre normal. La liberté d'importation corrigera les écarts de l'exportation, l'entière liberté porte en elle les remèdes à ses maux.

(1) Journal de l'ag., du com. et des fin., août 1765, p. 85.

Mais, objecte-t-on, au lieu de demander à l'importation ce supplément, ne valait-il pas mieux le retenir dès le premier moment? Ce serait une grande économie de frais (1) ?

La quantité visée étant forcément très faible, il s'agit donc d'une faible dépense, cent fois compensée par les avantages que la liberté produira en encourageant la culture par le débit assuré dans l'abondance.

On émettait cependant des doutes sur l'efficacité de cette importation destinée à guérir l'excès d'exportation. « Nos compatriotes si zélés à faire sortir des grains le sont moins pour en apporter, parce que dans ces envois ils ont tous été commissionnaires et n'osent pas être commettants. Ils ont d'ailleurs la plus grande répugnance à envoyer les blés dans les lieux d'où ils sont tirés, et à y revendre 400 ce qu'ils ont acheté six mois avant 200 (2).

Le commerce libre n'ose pas faire l'importation correspondante parce que l'État lui fait une concurrence inégale. Quand la liberté l'en aura débarrassé, il agira efficacement. Quant à l'objection tirée de ce que le commerçant n'ose pas revendre cher là où il s'est approvisionné à bon compte, elle est peu admissible, contraire au but du commerce et au reproche qu'on fait journellement au mono pole.

On émettait pour les provinces du centre une crainte particulière, motivée par leur position topographique. Leurs voies de communication descendant vers la mer

____

(1) Galiani appuie ce raisonnement sur ce qu'on ne vend pas mais garde les habits qui, inutiles pour le moment, peuvent être encore portés. Dialogues sur le com. des blés, cité, pp. 55 et suiv.

(2) Lettre d'un correspondant breton (J. A. C. F. Juillet 1770 p. 12).

rendent l'enlèvement plus facile et moins coûteux que l'importation. Galiani, qui fait cette remarque, proposera de limiter la liberté d'exportation aux provinces frontières.

Du moment qu'on peut faire sortir du blé, diront les économistes, on doit pouvoir le faire rentrer. D'ailleurs, quand l'exportation a déposé les grains dans les ports étrangers, il faut bien ensuite le porter à l'intérieur où on retrouve les mêmes difficultés qu'on redoute chez nous. S'il remonte ailleurs pourquoi ne le ferait-il pas en France ? Puis, avant d'arriver à la frontière, il faut tantôt descendre, tantôt monter. Peu importe le sens du terrain ; le penchant du blé est d'aller ou de rester là où il se vend bien (1). L'amélioration des voies de communication rendra l'approvisionnement du centre aussi prompt et économique que celui des frontières. Grâce à notre territoire qui est en frontière sur une très grande étendue, les transports n'auront jamais lieu sur de bien longues distances. L'approvisionnement ne nécessite jamais de longs déplacements. Le blé est-il cher dans le centre, les marchands des localités voisines y portent leurs provisions et vont racheter plus bas. La même opération se faisant ainsi de proche en proche, on descend insensiblement vers la mer prendre les marchandises que les bateaux ont déposées dans les ports (2).

La distinction qu'on veut établir entre provinces frontières et autres ne prouve rien ; la Normandie est une des plus actives à réclamer des prohibitions, et à des prix très

____

(1) *Roubaud.* — Récréations économiques (J. A. C. F., juillet 1770, pp. 108-109).

(2) *Baudeau.* — Avis au peuple (Éph., 1768, I, 204 et suiv.).

élevés. Le Dauphiné au contraire, pays très pauvre, paye
le blé moins cher que la riche Normandie. N'est-ce pas là
un fait plus éloquent que tous les discours ? Qu'on ne dise
pas que la liberté est favorable au Midi parce qu'il y a
peu de grains, car *a fortiori* elle ne pourrait pas nuire
aux pays riches (1).

Enfin on invoquait contre la liberté l'exemple de l'Angleterre qui, abandonnant sa pratique traditionnelle, se
tournait vers l'embargo. Pour qu'elle agisse ainsi, disait-
on, il faut bien qu'elle ait reconnu les inconvénients du
système.

L'exemple de l'Angleterre, répondent les économistes,
ne prouve rien (2), sinon qu'elle commet une grosse erreur.
Malgré les faveurs qu'elle accordait au commerce et aux
capitalistes issus de celui-ci, elle avait pu maintenir son
agriculture par la liberté. A la tête d'une lourde dette,
criblée d'impôts indirects, habituée au luxe, autant de
causes qui ont amené la hausse des prix. On a voulu y
remédier par la prohibition, et on retranche l'exportation
qui avait donné la fécondité des campagnes. Après avoir
été plus de cent ans une source de biens, on ne voit pas
comment elle deviendrait subitement la cause de tous les
maux.

La libre exportation ne peut donc pas être nuisible. Les
raisons qu'on invoque contre elle devraient aussi empêcher
le transport de grains d'une province à l'autre ; la question du superflu s'y présente de même. La crainte que

(1) Lettre du Parlement de Dauphiné. *Opus. cité.* (Éph. 1769, VII,
245-250).

(2) Lettre de M. B... à M. M... de l'entière lib. du com. des grains.
(Éph. 1767, VIII. 125 à 131).

l'exportation ne fasse sortir trop de grains est motivée,
diront les Physiocrates, par l'ancienne pratique des permissions particulières. Sous le régime restrictif, quand
dans les années abondantes on se trouvait en présence de
quantités de grains considérables qui n'avaient pas d'emploi,
le gouvernement accordait à certains commerçants l'autorisation d'exporter, ou une liberté générale mais tempo-
raire d'exportation. En faveur de cette pratique, meilleure
que la liberté disaient ses partisans, on faisait valoir que
le superflu trouvait un débouché, sans qu'il y eût à craindre
l'excès, puisque ceux qui peuvent exporter sont connus.
On contrôle leurs opérations, et comme on a pu évaluer
d'avance le superflu approximatif existant en France, dès
qu'on estime qu'il a été enlevé, on retire les permissions.
Aussi avantageuse que la liberté sans en présenter les
inconvénients, cette pratique doit lui être préférée.

Ce n'était pas l'opinion des Physiocrates qui montrent
que les permissions, dépassant souvent la quantité qu'elles
auraient dû enlever, ne profitaient qu'à leurs titulaires
pour qui elles étaient un monopole (1). Ils leur reprochent
d'abord d'arriver trop tard. On ne les accorde que quand
les greniers sont par trop pleins et que l'État ne peut plus
recouvrer ses impôts, alors que le propriétaire a déjà gas-
pillé et vendu à vil prix une partie de sa récolte. Une fois
la permission accordée, la crainte de la voir relevée fait
hâter la vente. L'acheteur s'en prévaut pour payer très
bon marché ; sans cette crainte, le résultat serait d'ailleurs
le même. Les négociants, étant donné leur petit nombre,
au lieu de se faire concurrence, se partageaient les provinces et achetaient au prix qui leur plaisait.

(1) Mémoire sur le commerce des blés (Journ. Écon., février 1760,
p. 59 et suiv.).

Quant aux permissions en elles-mêmes, ce n'est pas le souci du bien public qui décide de leur obtention ou de leur retrait, c'est la puissance de celui qui les demande. Et Dupont (1) prétend qu'on les vendait presque publiquement dans les bureaux d'intendance. Aussi ne vérifiait-on pas la quantité des enlèvements. Avec la fièvre de vente qui tenait le propriétaire, la précipitation que mettait dans ses envois le négociant désireux de profiter d'une faveur qui pouvait lui être enlevée d'un moment à l'autre, le contrôleur le plus capable et le mieux intentionné n'aurait pu se rendre compte. Quand on revenait à la prohibition le mal était fait, l'enlèvement trop considérable avait produit la disette. Le commerce local n'avait pu s'approvisionner et la libre importation était inefficace. Il fallait, pour réparer le mal, payer les négociants qui l'avaient produit. Ceux-ci faisaient revenir les grains qu'ils avaient précédemment achetés, les revendaient avec des bénéfices énormes, touchant en plus de fortes commissions.

Avec la liberté absolue on échappe à ces dangers et à ces dépenses. Qu'importe qu'on enlève plus ou moins de superflu, puisque le commerce ramènera toujours la denrée qui fait besoin. Et même quand il n'y aurait pas de superflu, l'exportation peut être avantageuse. Par sa position géographique, la France se trouve être intermédiaire entre les pays du Nord producteurs du blé, et ceux du Midi qui, n'en récoltant pas, sont obligés d'en acheter. Notre culture est un peu en avance sur celle du Nord dont les grains, retenus par les glaces une moitié de l'année, ne peuvent être exportés que vers le mois de mai. Avec la

(1) *Dupont.* — Observation sur les effets de la liberté (Éph., 1770, VI, p. 46).

liberté nous pourrions leur vendre les nôtres dès le début
à des prix très avantageux, puisque nous n'aurions pas de
concurrents. Par l'approvisionnement de proche en proche
la plus grande partie de notre récolte serait vendue à
l'étranger, et nous nous réapprovisionnerions ensuite à
bon marché aux peuples du Nord qui auraient d'autant
plus besoin de nous vendre que nous serions seuls acheteurs, et qui prendraient en échange nos vins et nos
huiles (1). Nous pourrions de ce chef réaliser de bons
bénéfices et encourager notre agriculture en lui trouvant
ainsi des débouchés.

Les partisans d'une exportation limitée.

Comme le premier groupe, celui-ci reconnaît que l'exportation peut présenter des dangers ; moins timide cependant il lui accorde des avantages, et croit qu'en prenant
des précautions, on peut l'admettre sans inconvénient.
« Je crois, dit un auteur, l'exportation bonne et avantageuse au royaume, lorsqu'elle est resserrée dans des
bornes raisonnables, et quand elle n'est pas poussée trop

(1) Lettre du Parlement de Dauphiné, op. cité. (Éph., 1769, VII,
p. 248). — *Baudeau.* — Avis au peuple (Éph., 1768, I, p. 181). —
Recherches politiques sur les terreurs populaires que cause le prix
des grains, et les moyens de les calmer (Éph., 1767, II. pp. 45-16).

loin » (1). Excès de sévérité ou excès de liberté sont également nuisibles. Aussi prennent-ils une politique intermédiaire, qui leur donnera l'air conciliateur sur lequel ils comptaient probablement pour faire des adeptes.

Leur groupe fut très nombreux. Nous y rencontrons beaucoup d'anciens partisans de la théorie précédente qui, après les explications si nettes fournies par les Physiocrates, n'osent plus demander la suppression complète de l'exportation. Leur conversion n'est généralement pas bien sincère, et par les restrictions qu'ils demandent, ils comptent aboutir à une prohibition. On y voit aussi quelques personnes de bonne foi convaincues que la liberté a besoin d'être modérée. Y figurent aussi ceux qui, craignant les troubles d'un trop brusque changement, veulent comme transition essayer des mesures restrictives.

Les Physiocrates déclareront ces adversaires aussi dangereux que les premiers. La liberté ayant besoin d'être absolue pour produire de bons résultats, vouloir la limiter, équivaut à demander sa suppression.

Les reproches que ces nouveaux adversaires adressent à l'exportation sont toujours les mêmes. Très utile les années d'abondance où la récolte dépasse les besoins de la consommation nationale, parce qu'elle empêche les non-valeurs, favorisant ainsi l'agriculture, elle doit, pour n'être pas nuisible, se borner à l'enlèvement du superflu. Si on doit dédommager le cultivateur de ses peines et risques par un bénéfice suffisant, il faut aussi tenir compte de l'intérêt du consommateur qu'un prix trop élevé accablerait.

(1) Réponse du magistrat de Normandie au gentilhomme de Languedoc (Journal de l'agricul., du com. et des fin., novembre 1768).

Les mesures qu'on propose n'ont d'autre objet que d'accorder la préférence d'achat aux regnicoles (1).

Une première restriction, confirmée d'ailleurs par l'édit de 1764, consistait dans la *limitation du nombre des ports* par lesquels l'exportation était permise. Comme ils sont assez nombreux, dit-on, cela ne peut nuire à la liberté et permet à l'autorité de connaître approximativement la quantité des grains qui sortent, par suite d'arrêter l'exportation dès qu'elle jugera le superflu enlevé.

Les économistes protestent contre cette mesure. Elle gêne la circulation et restreint le commerce, produisant souvent une augmentation de frais par le surcroît de parcours qu'elle nécessite. Ne vaut-il pas mieux laisser le négociant utiliser le port qui lui convient le mieux, c'est-à-dire qui lui présente le plus d'économie (2). Cette mesure porte tort aux autres ports, parce qu'elle en détourne une branche de commerce fort importante qui, en attirant les transporteurs, amènerait un mouvement toujours avantageux pour les indigènes. Elle gêne aussi l'importation qui, l'expérience est là pour le montrer, ne se fait en général que là où l'exportation est permise. L'abandon des ports prohibés empêche la construction de voies de communication y aboutissant, ce qui les rend impraticables quand la disette oblige de les utiliser (3).

En même temps que cette limitation, on demandait la

***

(1) Examen des principes sur la liberté du commerce des grains (J. A. C. F., 1768, août, p. 16.)

(2) Lettre du Parlement de Dauphiné, *op. cit.* (Eph. 1769, VII, p. 215.)

(3) *Dupont.* — Observat. sur les effets de la lib., *op. cit.* (Eph. 1770, VI, p. 74.)

fixation d'un *taux limitatif* passé lequel l'exportation serait défendue. D'après l'édit de 1764, nous avons vu que ce taux était de 12 livres 10 sols le quintal et 30 livres le setier, mais il y eut de nombreuses réclamations parce qu'on le trouvait trop élevé. Nous avons dit comment agissait la prohibition. Quels que fussent ensuite les prix, il fallait une autorisation expresse pour que l'exportation pût rentrer en vigueur.

Cette règle avait pour but de parer à la crainte qu'on avait de voir une nation étrangère enlever notre récolte pour créer des difficultés au gouvernement. On ne peut pas réclamer contre cette limitation, disent ses partisans, parce qu'elle ne vise pas le négociant bien intentionné, le taux prohibitif étant assez élevé pour ne pas lui porter tort.

Etablie pour combattre une hypothèse qu'ils ont démontrée irréalisable, les Physiocrates disent que cette mesure reste sans utilité et doit être abolie. Dangereux s'il est trop bas, inutile s'il est trop élevé, le taux prohibitif est toujours une gêne et cause beaucoup de maux par l'incertitude dans laquelle il met le commerçant. Craignant à tout moment de voir supprimer la liberté parce que le taux aura été atteint, le commerçant n'ose pas importer de crainte de ne pouvoir ensuite réexporter si cela lui semble préférable. « L'expérience montre que tout port fermé en dedans est fermé en dehors (1). » Le danger est si réel que l'arrêt du Conseil du 14 juillet 1770, voulant favoriser l'importation en tout temps, laisse toute liberté aux négociants pour les lieux d'entrée et d'emmagasinage

----

(1) Lettre du Parlement de Dauphiné, *op. cit.* (Eph. 1769, VII, p. 218.)

et permet la libre réexportation quel que soit le prix intérieur, à condition de rapporter les acquits d'entrée. Mais
on pouvait les perdre et cela exigeait toujours des formalités et du retard. Les économistes auraient voulu au
moins le remboursement des droits d'entrée et la franchise pour la réexportation.

C'était indispensable étant donnée la facilité avec laquelle
la fermeture des ports pouvait être obtenue. La vente de
quelques litres de grains au dessus du tarif pendant trois
marchés consécutifs suffisait. C'était mettre la prohibition
à la merci de ses partisans qui d'ailleurs ne se privèrent
pas d'en profiter. Une Compagnie veut-elle rester seule
vendeuse dans une province, dit le Parlement de Dauphiné (1), elle fait par des agents habilement lancés
hausser les prix les trois marchés voulus pour éviter
toute concurrence, et elle vend au prix qui lui plaît. Ce
prix règle celui des marchands, et, sans qu'il y ait
moindre disette, le blé se trouve monter au dessus du
taux porté par l'édit. Les économistes citent un grand
nombre de faits en ce sens, notamment celui d'un monopoleur de Nantes qui fit fermer ce port, le plus favorable
au commerce. Le Parlement de Franche-Comté dut prendre
des mesures pour déjouer les manœuvres faites en vue
d'enrayer l'exportation et consistant à faire hausser la
vente de quelques mesures de blé de première qualité au
dessus de la limite (2).

Devant ces exemples, les Physiocrates prétendent avec
raison qu'il vaudrait autant supprimer la liberté. Il faudrait
au moins fixer la limite sur le prix général du marché,

(1) *Ibid.*
(2) Protection accordée à l'agriculture. (Eph. 1770, IV, p. 206.)

non sur celui d'une infime quantité; et la réouverture
devrait comme la fermeture se faire de plein droit, quand
le prix général serait pendant trois marchés inférieur à
celui du tarif, sans avoir à attendre une autorisation que
souvent on ne se pressait pas de donner, et pour le retard
de laquelle toutes les intrigues étaient possibles.

Outre le dommage réel causé par le retrait d'exportation, il y avait encore le mal indirect. Le peuple croyant
à la disette se précipitait pour faire des achats, les fermiers gardaient ce qu'ils avaient pour faire des provisions, le négociant profitait de cette terreur générale, et les
prix montaient à des taux exorbitants.

Voyant que le reproche principal fait à la limitation
d'exportation porte sur l'incertitude que donne à la loi le
taux limitatif, les prohibitionnistes changent de tactique.
Ils admettent une liberté permanente dont les dangers seront
prévenus par l'établissement de *droits de douane*. Galiani
qui critique la loi du maximum prohibitif, propose des
droits de 50 sols à la sortie, 25 à l'entrée. L'idée n'était
pas nouvelle. Dans les courts intervalles où ils accordèrent
la liberté extérieure du commerce des grains, François Ier
et Henri II mirent des droits d'un écu par tonneau à la
sortie. Malgré ses théories très larges Herbert est partisan
des droits de douane qui permettent au gouvernement de
diriger sagement la circulation en l'adaptant au besoin (1).

Galiani signale les divers avantages de ce système.
D'abord il empêche les fausses sorties faites en vue
d'amener une hausse pour revendre plus cher la marchandise précédemment enlevée. En faisant varier le tarif
selon les besoins, on amènera le nivellement des prix dans

---

(1) *Herbert*. — Essai sur la police, ouv. cité, p. 176.

le royaume. A l'entrée ils permettront à notre agriculture de lutter avantageusement contre la concurrence étrangère; à la sortie ils favoriseront le consommateur national par préférence à l'étranger, car s'il vaut mieux vendre son blé que le jeter, à prix égal il vaut mieux vendre à son frère qu'à son ennemi. A ce sujet, Morellet réfutant Galiani demande qui des deux est l'ennemi de l'agriculteur, l'étranger qui lui paye sa récolte au prix que la rareté établit? ou son concitoyen qui la lui veut faire donner à perte et la prend de force s'il refuse d'y consentir (1)?

Comme autres avantages de cette pratique, nous pouvons en faire remise aux peuples amis dont on veut se concilier la faveur, et exiger la réciproque des autres. Afin de favoriser la meunerie nationale, les farines ne payeront que 10 sols à la sortie et 2 livres 10 sols à l'entrée. Enfin avec les revenus de ces droits on pourra racheter les privilèges gênants pour la circulation intérieure (2).

La vraie raison, bien que Galiani n'y insiste pas, c'est la crainte de voir enlever le superflu. Son calcul est difficile à faire, dit l'abbé qui, n'ayant jamais lu les économistes, ne sait pas qu'il se fait de lui-même par la liberté. D'ailleurs il croit avantageux de garder le superflu d'une année abondante pour parer aux disettes futures. Morellet (3) répondra : L'exportation ne fait sortir que le blé qui n'est pas nécessaire; elle n'empêche pas l'établissement des magasins; on a avantage à vendre cher pour racheter bon marché ou en moins grande quantité. La garde des grains

____

(1) *Morellet.* — Réfutation des dialogues sur le cours des blés, p. 343.

(2) *Galiani* développe ces raisons au 18e dialogue, ouv. cité.

(3) *Morellet.* — Ouv. cité, pp. 285-290.

nécessite d'ailleurs de grands frais, présente de gros
risques, et tout le monde n'est pas assez riche pour en
user.

Les Économistes s'attachent à montrer l'injustice des
droits de douane. La taxe à l'exportation est une taxe
indirecte du prix du blé. L'acheteur ne paye que déduction
faite des droits de sortie ; on force ainsi le cultivateur à
laisser sa marchandise pour un prix inférieur à celui qu'il
pouvait espérer. Or, écrit Morellet « Galiani (et après lui
Necker fera la même déclaration), reconnaît qu'il est injuste de taxer le prix d'une denrée qui ne vous appartient
pas, que vous n'avez pas achetée, dont vous ignorez ce
qu'elle coûte (1) ». Donnant très peu à l'Etat, ces droits
font beaucoup débourser aux particuliers ainsi que le
montre le calcul suivant.

L'auteur étudie les effets des droits de douane sur la
navigation du canal du Midi (2). Le prix général de production des provinces de Guyenne et de Gascogne et de
Languedoc, dit-il, est déterminé par le prix que ce débouché
leur procure. Les produits mêmes qui se vendent dans
ces provinces, le sont à un prix proportionné à celui qu'ob-
tiennent les marchandises exportées. C'est ce niveau qui
détermine l'exportation suffisante et arrête l'excessive. Si
on y met un droit de 10 sols par quintal, cela fera 22 sols
par setier qu'on prend à la valeur du blé des cultivateurs
et propriétaires. Estimant la récolte à quatre millions et
demi de setiers, la perte sera de 4.950.000 livres sur le
blé seul. Supposons les quatre cinquièmes consommés sur

(1) *Morellet.* — ouv. cité, pp. 280-281.
(2) Effets des droits sur la navigation sur le canal du Midi. (Eph. 1771,
XI, p. 55 à 57.)

place, la perte restera à 1 million (1). Estimons à pareille somme la perte sur les autres marchandises « on a un dommage de 2 millions causé par un droit de 10 sols qui ne rend pas 500.000 livres à l'État. Il y aurait donc beaucoup de profit pour ceux qui perdent ces 2 millions, si pour 500.000 livres par an on les affranchissait de cette perte. » Que serait un droit de 50 sols !

Roubaud (2) estime qu'un droit de 50 sols à la sortie met notre marchandise dans un état d'infériorité vis-à-vis de la production étrangère, et équivaut à une interdiction pour toutes les parties du territoire qui ne peuvent supporter cet écart de concurrence, par suite diminue l'intérêt qu'on a à cultiver, et empêche une exportation particulière. Les droits, selon qu'on les abolit ou augmente, font augmenter ou diminuer la culture par leur répercussion sur le profit. La taxe de 25 sols à l'entrée est aussi inutile et préjudiciable. Elle n'est pas payée par l'étranger comme on le croit, mais par les acheteurs. Les économistes (3) se demandent comment on a cru devoir protéger notre blé, alors qu'on estime qu'avec un droit de sortie de 50 sols, il peut faire concurrence au blé étranger ; de même, si le blé étranger peut concurrencer le nôtre chez nous, quoique payant 25 sols d'entrée, comment veut-on que le nôtre puisse se vendre à l'étranger, quand il a payé 50 sols de droit de sortie.

----

(1) L'auteur estime que pour ce qui est consommé en France, la perte du propriétaire est compensée par le gain du consommateur. Il ne parle ici que de la perte nationale.

(2) *Roubaud*. — Récréations économiques. (J A. C. F., 1770, juillet, p. 112.)

(3) *Morellet*. — Ouv. cité, p. 353 à 355.

Quant au bénéfice retiré par l'État, l'abbé Baudeau (1) montre qu'il n'y en a pas. « Toutes taxes sur la consommation, dit-il, rendent nécessairement plus chers les salaires des ouvriers, les gages des domestiques, les services des arts et du négoce, car il faut bien que tous les hommes de cette espèce qui vivent aux dépens d'autrui, retrouvent, dans le courant de l'année, le montant des taxes qu'ils payent aux exacteurs, et qu'ils en surajoutent toute la valeur à celle des subsistances ou des autres marchandises qu'ils usent ou qu'ils consomment. » L'État doit rembourser d'une main en accroissement de salaires, tout le montant des taxes qu'il leur fait payer de l'autre par ses exacteurs, et il perd ainsi plus qu'il ne gagne, car il doit rembourser les frais de perception dont il ne bénéficie pas. Enfin les droits de douane ont le grand désavantage de faire du blé une marchandise de contrebande (2).

Certains auteurs voulaient *réserver l'exportation à la farine seule* (2). De cette manière, disaient-ils, l'enlèvement sera plus restreint et nous bénéficierons des frais de manutention, ce qui donnera un gros revenu, beaucoup de travail, et encouragera à améliorer la mouture. Les Économistes blâment cette proposition qui gênerait beaucoup le commerce, et d'ailleurs la farine est beaucoup plus périlleuse à transporter que le grain. Pourquoi, sous prétexte de bénéficier des frais de manutention, ne réserve-t-on pas l'exportation au pain ?

Un point important du programme restrictif concernait les *transports maritimes*. Alors que les Physiocrates veulent leur appliquer le principe de la libre concurrence,

____

(1) *Baudeau.* — Avis économique.
(2) C'était aussi l'opinion de Necker, ouv. cité, p. 327.

leurs adversaires demandent qu'on les réserve à la marine française.

On demandait l'exclusion des étrangers pour mettre obstacle à une sortie trop abondante de nos grains. N'employant que les vaisseaux nationaux, le contrôle est facile, et leur nombre plus restreint ne laisse qu'une exportation raisonnable faite dans un long espace de temps, ce qui permet de juger du superflu. La concurrence au contraire, enlevant rapidement des quantités énormes, expose le gouvernement à ne pas se rendre compte du disponible ou à ne le faire que trop tard. Les Économistes avaient réfuté d'avance cette objection puisqu'ils présentent comme sans importance les préoccupations concernant le superflu.

Pour justifier le privilège demandé pour notre marine, on invoquait son état d'infériorité vis-à-vis des marines anglaise et surtout hollandaise qui, bien plus développées, peuvent transporter à meilleur compte. Chassés déjà des transports étrangers, nos navires, si nous ne les soutenons pas, ne pouvant supporter la concurrence, « seront obligés de pourrir dans nos ports » (1), ce qui nous privera d'une branche fort utile au commerce et nous mettra à la merci des transporteurs étrangers.

L'inégalité était flagrante. Quinze à dix-huit hommes suffisaient aux Hollandais, là où l'Angleterre en employait 47 et la France 64. « Il est alors ridicule de parler d'une concurrence qui n'en est pas une, et qui, par nos lois maritimes, est condamnée à devenir toujours préférence pour l'étranger toutes les fois qu'elle aura lieu » (2).

(1) Lettre de M. Girard de Quimper-Corentin sur la concurrence du fret. (J. A. C. F., 1765, novembre, p. 11.)

(2) Mémoire de M. S... contre la concurrence du fret. (J. A. C. F., 1766, octobre, p. 139.)

Cette disproportion de personnel était due à ce que nos ordonnances prescrivaient le nombre d'hommes que doit employer chaque bâtiment (ordonnance de 1681). Comme autres causes d'inégalité, on citait le haut intérêt de l'argent en France, et l'habitude qu'ont les matelots hollandais de faire une moindre consommation que les français. Il faut donc, concluait-on, laisser à notre marine le temps de se former. Le privilège des transports lui permettra de se développer sans grand préjudice pour le commerce français, car la concurrence, excitée entre régnicoles par les hauts prix du début, sera vite assez grande pour mettre le fret à un prix raisonnable.

Les Économistes prétendent, au contraire, que le seul moyen d'encourager le développement de notre marine c'est de lui donner des concurrents. Avec le privilège de transports on établit un monopole pour notre marine, elle en profitera comme on profite de tout monopole (1). Pourquoi chercherait-elle l'économie du moment que par son privilège elle peut réclamer le bénéfice qui lui plaît ? Les entrepreneurs de transport, dont le nombre sera toujours restreint, chercheront à s'entendre pour s'assurer de bons bénéfices au lieu de se faire une concurrence dont ils seraient seuls à souffrir. Avec la liberté au contraire notre marine n'est pas sacrifiée. Le développement de l'exportation obligera à l'employer tout de même.

Au lieu de lui accorder un monopole destiné à la garder dans sa vieille routine, sachons la mettre à même de rivaliser avec l'ennemi en faisant disparaître les causes

---

(1) *Le Trosne.* — Lettre sur les avantages de la concurrence des vaisseaux étrangers pour le transport des grains. (J. A. C. F., 1765, juillet, pp. 80-82.)

d'infériorité. Et dans ce but on conseille d'abroger les ordonnances gênantes, abaisser le taux de l'intérêt en augmentant par la concurrence le revenu disponible, employer les matelots hollandais qui donneront aux nôtres l'exemple de l'économie, secourir dans la mesure du besoin par des primes pendant la période de transition (1). A prix égal notre marine aura toujours la préférence, car ses transports sont plus sûrs.

D'autre part, et pour répondre à l'argument d'économie que les Physiocrates prétendaient résulter de la liberté, leurs adversaires répondaient : L'étranger appelé en concurrence ne baissera pas ses prix puisqu'il pourra se faire payer autant que le Français. Il gagnera plus que nous, voilà tout (2). Admettons même que le privilège augmente un peu le prix du transport. C'est le propriétaire qui le payera ? Mais ce qu'il perd sur le fret, ne le gagnera-t-il pas largement sur les fournitures en bois, chanvres, etc... qu'il fait à la marine nationale (3)? On n'a pas à craindre que cette petite augmentation diminue l'exportation parce que ce ne sont pas les frais plus ou moins élevés du transport qui déterminent à exporter, mais le besoin que l'étranger a de notre denrée. Pour cette même raison, l'étranger qui a besoin de nous ne pourra établir les représailles qu'il voudrait nous appliquer (4).

---

(1) *Le Trosne.* — Réponse à Girard de Quimper-Corentin.(J. A. C. F., 1765, novembre, p. 83, note.)

(2) Mémoire de M. S..., *op. cit.* (J. A. C. F., 1766, octobre, p. 133.)

(3) Réponse d'un Portugais à la lettre de Le Trosne sur la concurrence du fret. (J. A. C. F., 1766, octobre, p. 133.)

(4) Lettre contre la concurrence du fret. (J. A. C. F., 1765, octobre, pp. 25-2.8)

Les Physiocrates montrent la faiblesse de ce raisonnement qui suppose l'étranger à notre merci pour ses achats. Mais comme il y a plusieurs producteurs de blé, le consommateur dans le besoin s'adressera au concurrent le plus avantageux, c'est-à-dire qui, ayant le moins de frais, lui fera le plus bas prix. Cette critique portait si juste que les partisans du privilège se croiront obligés de dire. Si nos prix de frets restaient trop au dessus du tarif étranger, le gouvernement pourra forcer nos armateurs à les diminuer en accordant temporairement la libre concurrence (1).

On invoquait enfin en faveur du privilège les *avantages pécuniaires et militaires* qui devaient en résulter. Au point de vue pécuniaire ce sont les frais de transports qui sous la liberté vont aux armateurs étrangers, et avec les prohibitions restent à nos compatriotes. Par suite, quand même la concurrence amènerait un petit bénéfice au producteur, elle ferait perdre 20 ou 30 millions à la nation.

Telle n'est pas l'opinion de Le Trosne (2) pour qui l'épargne sur les frais de transport constitue le premier gain. Avec la prohibition ce sont les entrepreneurs privilégiés et les marins qu'ils emploient qui gagneront, mais pas la nation. Celle-ci au contraire subira un déficit, parce que l'exportation diminuera ou au moins, et cela revient au même, n'augmentera pas autant qu'elle le pourrait avec la liberté.

Mais la principale perte portera sur tout le blé qui se consomme dans le royaume, et voilà comment elle se produit. L'augmentation des frais fait baisser les prix

---

(1) *Ibid.*

(2) *Le Trosne.* — Lettre sur les avantages de la concurrence..., *op. cit.* (J. A. C. F., 1765, juillet, pp. 104-108.)

dans les ports, parce que le négociant qui exporte doit
compter avec les frais de navigation. Or le prix intérieur
se met au niveau de celui des ports ; il en résulte une
grosse perte pour l'agriculture qui se trouve ainsi payer
un véritable impôt (1). « De même qu'il y aurait injustice
à forcer un voiturier de marcher pour un salaire au dessous
de celui qu'il exige, il y en a une aussi à lui donner le
droit de faire subir la loi qu'il veut imposer. Toutes les
conditions d'un marché doivent être réciproques, et il n'y
a qu'une liberté entière qui puisse les fixer à leur vrai
taux » (2). La concurrence est donc vraiment avantageuse.
Elle est même indispensable vu le petit nombre de bateaux
que nous possédons. On peut en construire de nouveaux,
mais outre que cela demande beaucoup de temps et d'argent, leur quantité ne sera jamais adéquate au besoin.
Si on en a assez pour les années moyennes, ils manque-
ront les années d'abondance, et s'ils peuvent suffire dans
cette hypothèse il y en aura beaucoup trop pour les
années moyennes et faibles (3).

D'ailleurs, le commerce ne vit que de célérité. Faute de
pouvoir transporter en quantité suffisante au moment
voulu, on s'expose à manquer la vente. Il faut pouvoir
satisfaire aux demandes sitôt qu'elles sont faites et le seul
moyen de ne manquer jamais de moyens de transport,
c'est de pouvoir les employer tous. Raisonnant logique-

----

(1) Observations de M. G... sur le mémoire intitulé réflexions d'un
citoyen relativement à l'admission de la concurrence étrangère pour
les transports. (J. A. C. F., 1765, novembre, p. 110.)

(2) Lettre de M. K... pour la concurrence du fret. (J. A. C. F., 1766,
septembre, pp. 89-90.)

(3) Observations de M. G..., *op. cit.*

ment, si le privilège exclusif pour le voiturage de toutes nos marchandises est naturel chez nous, il l'est également chez toutes les nations étrangères pour l'exportation de tout ce qu'elles ont vendu. Ainsi il devient naturel que tous les vaisseaux marchands de l'univers ne fassent que porter sans rapporter, qu'ils sortent chargés pour revenir toujours à vide, retour qui sera donc en pure perte. Quelle nation gagnerait à cette pratique (1) ?

Quant au point de vue militaire, on faisait valoir le secours que la marine marchande devait donner à la marine de guerre. Pour toute l'école prohibitionniste il ne faut pas séparer les deux marines. L'une prépare et fournit à l'autre les hommes dont elle a besoin. Une marine militaire spéciale leur paraît impossible, parce que le roi, faisant peu naviguer en temps de paix, ne peut, sauf à dépenser des sommes énormes, former des hommes pour la guerre. On cite bien disent-ils Rome et Carthage comme ayant eu des marines militaires spéciales, mais leur exemple ne prouve rien, parce qu'à cette époque la manœuvre navale n'existait pas, et la marine marchande était à peu près nulle (2).

De nos jours, ajoutait on, la marine militaire se fonde et s'entretient dans la marine marchande à la pratique de son métier. Même langage et même manœuvre dans les deux. « Ces marins qui s'occupent en temps de paix au service de leurs compatriotes, qui augmentent l'opulence de leur patrie et par suite ses forces, qui s'exercent sans relâche, qui s'endurcissent au travail et acquièrent chaque

(1) *Ibid.*, pp. 100 à 109.
(2) Mémoire de M. S... contre la concurrence du fret. (J. A. C. F., 1766, octobre, p. 161 à 163.)

jour de l'expérience, deviennent des militaires parfaits sur
mer en temps de guerre. Ils garnissent les vaisseaux du
roi, sont très en état de les commander, l'expérience du
dernier règne nous montre qu'aucun des grands hommes
de mer n'a été garde de la marine..... le roi réalise l'économie admirable d'entretenir ses gens de mer aux dépens
d'autrui » (1). Point de marine, point de commerce ; point
de commerce, point de marine (2), tel est l'axiome anglais
montrant que si la marine de guerre est indispensable au
commerce dont elle garantit les transports, celui-ci, à son
tour, lui fournit ses équipages. Il faut donc favoriser la
navigation des bâtiments nationaux, et le moyen le plus
efficace de leur donner une occupation utile, c'est de leur
réserver le transport du superflu de nos grains.

Les Physiocrates veulent la disjonction des deux
marines. Le nombre des vaisseaux marchands, dit
Le Trosne (3), n'influe en rien sur celui des vaisseaux
de guerre, puisqu'on ne peut les employer pour le combat.
Quant aux matelots, mieux vaut pour l'État avoir des
marins spéciaux et exercés, que de recourir aux matelots
marchands. Cette spécialité présente plusieurs avantages.
C'est l'intérêt du commerce, dont on ne sera pas obligé
en cas de besoin d'arrêter les opérations par l'enlèvement
de ses équipages ; on aura plus de marins, car il faudra
entretenir habituellement le nombre nécessaire au service

(1) Réponse d'un Portugais à Le Trosne, *op. cit.* (J. A. C. F., 1765,
novembre, pp. 24-27.)

(2) Lettre contre la concurrence du fret. J. A. C. F., 1765, octobre,
p. 21.)

(3) *Le Trosne.* — Mémoire pour la concurrence du fret, *op. cit.*
(J. A. C. F., 1765, juillet, pp. 83-84.)

des deux marines. On enlève à la marine marchande tout prétexte pour réclamer des privilèges. Elle fait actuellement la loi parce qu'on se croit sous sa dépendance (1).

On redoute les frais que nécessiterait une pareille politique, mais si on réfléchit « que le privilège fait perdre annuellement 15 millions au roi et 45 à la nation », on verra qu'en lui consacrant une partie de cette somme, la marine militaire pourra être améliorée et rendue indépendante (2).

A bout d'argument, les partisans du privilège des transports se rabattaient sur des exemples. Galiani, qui prétend que « le profit est à celui qui transporte » (3), montre la Pologne, la Turquie, la Barbarie, la Sicile, grandes productrices de blés restant dans la misère, alors que la Hollande et Gènes, en se bornant à faire leurs transports, regorgent de biens, voilà bien une preuve que le transport est avantageux; De plus, les nations du premier groupe n'ont jamais pu avoir une marine, ce qui prouve que pour la faire naître, il ne faut pas laisser l'étranger faire son travail. Mais l'argument préféré était tiré de l'Angleterre. Sa richesse et sa puissance ont commencé avec l'acte de navigation, « ce chef-d'œuvre de police de commerce ». Un pareil exemple n'est-il pas plus éloquent que toutes les propositions des demandeurs en concurrence » (4).

Ces exemples ne prouvent rien. Sans l'exportation étran-

(1) Réponse de Le Trosne à M. Girard de Quimper-Corentin. (J. A. C. F., 1765, novembre, pp. 84-91.)

(2) Observations de M. G... sur le mémoire, *op. cit.* (J. A. C. F., 1765, novembre, p. 141.)

(3) *Galiani.* — Ouv. cité, 7e dial., p, 141.

(4) Lettre de M. X... contre la concurrence du fret. (J. A. C. F., 1766, août, p. 166.)

gère la Pologne, la Turquie, la Barbarie, la Sicile, n'auraient pas eu d'exportation du tout, par suite seraient
restées plus malheureuses. Leur misère est causée par
leur législation, leur ignorance, les vices de leur gouvernement. La Hollande et Gênes ont comme source de
richesses autre chose que leurs transports (1). Quant à
l'Angleterre, Le Trosne (2) montre que l'acte de navigation n'a rien fait pour sa prospérité, mais lui a été plutôt
nuisible. D'autres raisons bien plus puissantes ont amené
le développement de son commerce; ce sont notamment
les encouragements à la culture et au commerce, la liberté
d'exportation, l'acquisition des colonies.

La doctrine des Physiocrates en ce qui concerne le
commerce des grains est facile à déduire quand on connaît
les critiques qu'ils ont faites aux théories précédentes.
Toute réglementation, nous ont-ils montré, est dangereuse
et inutile. C'est donc vers la plus entière liberté qu'il faut
se tourner. Ne présentant aucun danger, ont-ils dit, cette
pratique produira les sérieux avantages que nous allons
maintenant étudier.

(1) *Morellet*. — Réfutation des dialogues sur le commerce des
blés (Galiani, collection des Écon., pp. 141-142, note.)

(2) *Le Trosne*. — Lettre sur les avant. de la concur., *op. cit.*,
p. 95.

L'entière liberté du commerce des grains.

Réglementation à l'intérieur, défenses et restrictions à l'extérieur, tel est le régime que nous avons vu imposer au commerce des grains. L'étude détaillée de ces mesures nous a montré comme cause avouée de cette politique, le désir de voir le pain bon marché. Ce désir était la résultante des théories mercantilistes qui régnaient en France depuis plus de deux siècles.

Le mercantilisme ne fut pas une théorie spéculative, aussi ne peut-on le définir qu'en déduisant de la pratique les idées essentielles qui le dominent. La base de ce système est que l'argent est la richesse par excellence, la forme pratique de la richesse. Comme les particuliers, les nations ne sont riches, croit-on, que comparativement à la quantité d'argent qu'elles possèdent; elles ne s'enrichissent que si elles reçoivent plus d'argent qu'elles n'en donnent; de là la nécessité de réglementer le commerce pour éviter la sortie du numéraire et en favoriser l'entrée, déplacement qui se fait surtout par le commerce extérieur. Aussi celui-ci fut-il le plus rigoureusement surveillé.

La circulation intérieure ne spéculant que sur un déplacement du stock monétaire national, n'en augmente pas la quantité; celle-ci ne s'accroît que par l'exportation. Les produits les plus avantageux à exporter sont ceux des manufactures, parce que sous un petit volume, ils présentent une grande valeur, celle-ci étant due surtout non pas à la matière première employée à la fabrication, mais

à la quantité de travail qui y a été attachée. Ils sont
transportables sans risque de détérioration et peuvent se
garder facilement. Il est aisé de voir que les produits de
la terre, lourds et rapidement périssables, ne remplissent
aucune de ces conditions. Aussi l'agriculture jugée incapable d'amener de fortes rentrées de numéraire, fut-elle
abandonnée. D'autre part, on arguait en faveur des manufactures leur facilité de production. Tandis que la production agricole est forcément limitée pour l'étendue du sol
sur lequel elle s'immobilise, la production manufacturière
basée sur le travail, n'a de limites que la force humaine
et est par suite indéfiniment extensible avec elle.

Toute la théorie mercantile se bornera donc à développer les manufactures nationales, à chercher des débouchés
à leurs produits. Le consommateur étranger, ayant à
choisir entre les marchandises que lui offrent les diverses
nations manufacturières, achètera, à qualité égale, celles
qui seront les moins chères. Pouvoir vendre bon marché
était donc la clef du problème et ce résultat ne pouvait être
obtenu que par la réduction du coût de production. Or
comme la rémunération du travail est la dépense principale du manufacturier, c'est par la réduction du salaire du
travailleur que peut se réaliser la plus sérieuse économie.
Si l'on songe d'autre part que l'ouvrier, travaillant pour
vivre, ne touche que ce qu'il faut pour cela, plus les
subsistances seront à bas prix, plus bas pourront être les
salaires. De là des mesures réglementaires en vue d'assurer le bon marché du pain, toutes les restrictions à la circulation, les défenses à la sortie des grains. On sacrifiait
sans pitié le cultivateur du moment qu'il était jugé incapable de procurer du numéraire, et cela avec d'autant
moins de scrupule qu'il était considéré comme ne pouvant

jamais perdre, les denrées lui étant octroyées gratuitement par la nature.

Ce n'était donc pas de parti pris qu'on abandonnait
l'agriculture, on sentait bien que son relèvement eut été
utile à l'industrie en augmentant la quantité de vivres,
mais le remède préconisé toujours par les partisans des
théories agraires, se résumait dans l'augmentation des
prix. C'était demander, croyaient les mercantiles, la ruine
des manufactures. Or, des deux branches productives,
l'agriculture étant la moins avantageuse, il paraissait tout
juste qu'elle fût sacrifiée.

Son état lamentable, dont nous avons vu de si saisis-
santes peintures, n'était pas sans causer de l'inquiétude.

Les mercantilistes, Colbert notamment, s'en émurent.
Dans leurs critiques du système réglementaire, les Physiocrates ont été injustes pour le grand ministre de
Louis XIV, sur lequel ils font retomber en grande partie
la cause des maux qui ruinaient l'agriculture. « La correspondance de Colbert, publiée avec tant de soin par
M. Pierre Clément, nous montre que son auteur n'était
point un adversaire absolu de l'exportation des grains. Si
parfois il l'a interdite, c'est qu'il craignait de voir renouveler une disette pareille à celle de 1662-1663. Quant à
l'usage de sacrifier toujours l'intérêt des campagnes à
ceux des villes, c'était une tradition du moyen-âge reprise
et aggravée encore par la monarchie absolue. Sitôt que le
grain était cher, le prolétariat des villes s'agitait, et le
gouvernement redoutait, à Paris notamment, les mouvements populaires toujours pleins de menaces » (1).

Colbert témoigna sa sollicitude à l'agriculture par la

____

(1) *Afanassiev.* — Ouv. cité, p. **122**.

réduction de la taille, par la diminution du prix du sel, par la défense de saisir les bestiaux qui paraît avoir été plus respectée pour les dettes privées que pour le paiement des impôts, par quelques primes à l'exportation de la viande. « Examinez dans toutes vos visites, écrit-il, si les païsans se rétablissent un peu. comment ils sont habillez. meublez, et s'ils se réjouissent davantage les jours de fêtes et dans l'occasion des mariages, qu'ils ne le faisaient ci-devant » (1).

Malgré son génie, Colbert dut sacrifier au préjugé dominant à son époque, et d'ailleurs il croyait à l'erreur mercantiliste. Il avait vu la gêne que causait au commerce intérieur le grand nombre d'impositions, et reconnaissait qu'un marchand ne peut avoir assez de connaissances pour en démêler la confusion. Il voulut les reporter toutes à la frontière en un droit de douane unique, mais ne le put par suite des résistances locales. L'édit de 1664 ne comprit donc que les cinq grosses fermes.

Outre l'encouragement donné aux manufactures, le bas prix du grain avait encore pour but de faciliter la nourriture des nombreuses armées qu'à cette époque on avait toujours sur pied. Le système de Colbert ne fut d'ailleurs pas si désastreux pour la France, puisqu'il développa notre richesse manufacturière qui resta longtemps la première du monde.

Voulant le relèvement de la classe agricole, l'école physiocratique vit que la première tentative pour atteindre ce résultat, devait être dirigée contre le préjugé mercantiliste, cause de tout le mal, aussi sa doctrine est-elle le contrepied de la précédente. Nous avons vu le rôle pré-

______

(1) *P. Clément.* — Colbert, p. 31 et 32.

pondérant, on pourrait presque dire exclusif, qu'ils donnent à l'agriculture. Elle seule est productrice, parce
qu'elle seule donne un produit net qui augmente la masse
des richesses existantes. L'industrie et le commerce ne
font que transformer ce que la terre a produit, et l'augmentation de valeur qu'elle donne aux objets sur lesquels
elle s'applique, n'est pas une production nouvelle, mais
seulement la contre-partie des consommations faites par
les agents employés à la transformation.

« C'est en se trompant et en jugeant sur les apparences,
écrit Le Trosne, qu'on croit l'industrie productrice. On
prend pour revenu ce qui n'est qu'un simple effet de la
circulation. Dans une assemblée de jeu où vous voyez
l'or rouler et passer chaque coup d'un joueur à l'autre,
croyez-vous que pour calculer la somme qui existe dans
cette assemblée, il faille compter l'argent à mesure qu'il
paraît? La circulation produit le même effet dans la société. L'argent semble se multiplier comme un écu qu'on
regarde au travers d'un verre à facettes. Cependant la
somme d'argent qui existe dans une nation est déterminée
par la quotité du revenu. Il est même inutile qu'elle
soit égale à la somme du revenu, parce que celui-ci ne
se payant pas tout entier à la fois, l'effet de la circulation
supplée à la quotité du numéraire. Ce même argent sert
à solder plusieurs paiements (1). »

Quoique non productrices, les classes manufacturières
et commerçantes ne sont pas inutiles, ainsi qu'on a voulu
souvent le faire dire aux économistes, abusant du mot
stérile qu'ils ont employé pour le qualifier. Ce n'est que

____

(1) *Le Trosne*. — Mémoire sur les avantages de la concurrence,
op. cit., p. 132.

par mauvaise foi, et pour les perdre dans l'esprit du public, que leurs adversaires ont lancé cette calomnie. Reconnaissant l'avantage de ces classes stériles, les Physiocrates en ont fait maintes fois l'éloge, ainsi que l'attestent de fort nombreux passages de leurs œuvres.

« L'industrie, fille du génie, dit l'un d'eux, est un des plus précieux dons que le Créateur ait fait à l'homme. Elle lui procure mille jouissances utiles ou agréables, en donnant de nouvelles formes aux productions naturelles. Elle ne doit jamais être gênée par une police réglementaire, jamais restreinte par de prohibitions, jamais limitée par des privilèges exclusifs et surchargée par des impositions., Que le mot de stérile n'inquiète pas, il ne signifie que non productif. Quoique en effet l'industrie ne produise rien et soit absolument stérile dans ce sens, elle n'en est pas moins une excellente chose » (1).

Nous n'avons pas d'inimitié contre les manufactures, dit l'abbé Baudeau (2) répondant à la critique de la nouvelle science qu'avait faite M. Beardé de Labbaye, au contraire nous ne cessons de demander pour elles « la pleine liberté sans aucune gêne ni contrainte, pleine franchise d'immunité, sans rien payer pour les personnes, ni pour les ouvrages, ni pour leurs talents, ni pour leurs achats, ni pour leurs ventes... » Demander l'abolition de leurs impôts et de leurs gênes, est-ce être leur ennemi ? Et cette exemption est juste, car les propriétaires fermiers diront: « Nous avons payé pour toutes les classes parce qu'elles nous sont toutes utiles ou nécessaires. Elles vous sont égale-

(1) Mémoire sur le Beaujolais. (Eph. 1774, VIII, 136-137.)
(2) *Baudeau*. — (Eph. 1770, VII, 129-132.)

ment indispensables à vous État, c'est pour cela qu'il faut les épargner et que nous payons sans répugnance. »

Le même auteur nous donne une explication de l'appellation stérile (1). « C'est-à-dire infécond ou non productif, par opposition à l'art fécond ou productif, parce qu'en effet il s'exerce sur les productions naturelles non pour aider ou augmenter leur fécondité, non pour qu'elles se reproduisent et se multiplient, mais au contraire pour les rendre et même prochainement et immédiatement utiles aux jouissances des hommes, aux dépens de cette même fécondité qui périt sous la main de l'art stérile... Loin d'être inutiles, ces arts sont le charme et le soutien de la vie, la conservation et le bien-être de l'espèce humaine. La plupart même exigent beeucoup d'esprit naturel pour les exercer comme ils le sont dans les grands empires florissants. Ce n'est donc pas pour déprécier ou avilir cette espèce d'industrie très utile, très nécessaire, qu'il faut distinguer l'art fécond ou productif de l'art stérile ou non productif. C'est qu'en effet l'un prépare et augmente la fécondité de la nature et de ses productions, l'autre se contente d'en profiter. L'un s'occupe des productions futures pour en procurer la naissance, l'autre des productions déjà nées pour en préparer la jouissance ou la consommation. Je le répète en finissant, stérile par opposition à l'art fécond, mais non par opposition à utile, comme quelques-uns seraient tentés de le croire. »

Ces passages montrent d'une façon assez explicite que les Physiocrates n'étaient pas ennemis des manufactures. Moins exclusifs que les mercantilistes, en accordant leur préférence à une branche, ils ne négligent pas les autres.

____

(1) *Baudeau.* — Analyse économique. (Eph. 1770. IX, 133-135.)

Dans leur esprit de réaction, ils sont peut-être allés un peu loin. Voulant relever l'agriculture du mépris où elle était tombée, ils lui ont marqué une place bien élevée et prêté un rôle peut-être exagéré. Selon la pittoresque expression d'Adam Smith, en voulant redresser l'arc ils ont trop pesé en sens inverse et l'ont recourbé de l'autre côté, mais pour qui connaît la force du préjugé contre lequel ils luttaient, leur exagération est bien humaine et bien excusable.

La prépondérance de l'agriculture sur les autres classes étant établie, tout accroissement de richesse ne venant que d'elle, il importe donc de favoriser le plus possible son développement, en la tirant de l'état lamentable où elle est tombée. Comment obtenir ce résultat ? Les Physiocrates ont montré que tout le mal était causé par l'intrusion du gouvernement dans les affaires privées, le remède, bien simple à appliquer, consistera dans l'abstention de ce même gouvernement. Il s'agit seulement de cesser d'agir laissant les choses suivre leur cours naturel. Laisser faire, laisser passer, tel est le résumé de leur doctrine commerciale.

Comme Boisguilbert, ils ont recherché la cause de l'abandon de l'agriculture, et comme lui, ils l'ont attribué au défaut de prix rémunérateur. « Si un prix rémunérateur était assuré, dit Quesnay, on arriverait, en augmentant la culture, à avoir autant de grains les années mauvaises qu'actuellement les bonnes années, ce qui éviterait les variations si grandes des prix. C'est ce qui a lieu en Angleterre où le prix est entre 18 et 22 livres (1). »

Les règlements et prohibitions, en augmentant les frais du cultivateur, l'empêchaient d'obtenir le prix qu'il pou-

____

(1) *Quesnay*. — Article grains. Collection des Econ., p. 171.

vait espérer, aussi ne cultivait-on que les terres les plus
fertiles, et les friches fort nombreuses déjà augmentaient
chaque année ; car toute terre paraît ingrate et est abandonnée quand elle ne peut rembourser les frais d'exploitation, et elle ne peut le faire quand on ne lui consacre
que de faibles avances (1). A gain égal d'ailleurs, le travailleur préférait une culture moins réglementée.

Au lieu de chercher toutes ces mesures pour retenir la
denrée de crainte de disette, ne vaut-il pas mieux, disent
les Physiocrates, augmenter la production ; on ne peut y
arriver qu'en accordant au cultivateur un prix suffisant.
La perspective du gain à réaliser suffira à pousser vers
l'agriculture ceux qui ont des capitaux disponibles, et
l'augmentation des profits permettra aux agriculteurs de
consacrer des sommes plus fortes à leur exploitation.

Leurs adversaires donnaient comme cause de la décadence agricole l'émigration vers les villes, et la routine
des laboureurs. L'agriculteur, disaient les Économistes,
ne manque ni de manouvriers, ni de connaissance, mais de
capitaux. « En vain trouvera-t-on le moyen de fertiliser
les terres, si le cultivateur n'est pas animé par son intérêt
personnel, il n'en fera pas usage et s'opposera souvent à
l'exécution » (2). On s'imagine, dit un auteur, que l'agriculture serait florissante et le royaume riche si on pouvait
renvoyer dans les campagnes les millions d'ouvriers qui
les désertent. Mais il faut de grandes richesses pour
employer utilement les bras à la culture (3).

Le journalier quitte la campagne parce qu'il ne gagne

(1) Fragments de philosophie économique. (Eph. 1771, VII, p. 61.)
(2) Journal économique, juillet 1754, p. 78.
(3) Distinctions aux laboureurs. (Eph. 1767, I, p. 162.)

pas un salaire suffisant, et le cultivateur vend trop bon marché pour pouvoir payer ses employés et faire des dépenses dans son exploitation. Pour remédier au mal, il faut fixer invariablement l'impôt territorial sur le produit net, épargner les véxations à l'état de fermier, laisser le commerce libre pour assurer le prix des denrées ; en résumé, les Économistes demandent « la sûreté totale pour les avances et la pleine liberté de culture et de commerce » (1).

Mais la liberté commerciale donnera le meilleur remède parce que c'est d'elle que viendra le bon prix des produits qui s'obtient par la multiplicité des concurrents. On nous montre comment opère le prix rémunérateur. « L'abondance ne peut venir que de la terre mieux cultivée, et cette meilleure culture est subordonnée à une nouvelle dépense de richesses, lesquelles ne peuvent venir que de la vente des denrées... C'est le profit d'une année qui met le laboureur en état d'espérer, de rechercher un plus grand profit par un plus grand travail, et de surcroît en surcroît la convalescence marche par gradations, et on arrive à la santé. Le Gouvernement ne peut qu'arrêter les excès qui tiennent l'agriculture en langueur, le pire de tous fut la prohibition du commerce de ses produits, le remède est la pleine liberté » (2).

Les règlements retenant le blé sur place et obligeant le producteur à vendre, produisent un engorgement local qui

<hr>

(1) Apologie de la science économique sur la distribution entre la grande et la petite culture, contre les écrits de M. F..., par M. Butic des sociétés royales d'agriculture de Paris et Orléans. (Eph., 1767, IX, p. 13 à 16.)

(2) Eph. (1768, pp. 121-123.)

a pour conséquence inévitable la non valeur des produits.
Avec la liberté, le vendeur aura la faculté quand les prix
locaux seront trop bas, soit d'attendre une époque de vente
plus favorable, soit de chercher ailleurs un marché où les
prix sont plus avantageux. Pour être efficace, cette liberté
doit s'étendre aux pays étrangers ; car la France, produisant
plus qu'il ne faut pour la nourriture de ses habitants, c'est à
l'étranger qu'il faut demander le surplus de consommateurs, puisqu'on ne produit que pour faire consommer. La
solidarité sociale et notre intérêt nous dictent notre conduite.

En attribuant à la liberté l'augmentation de la production agricole, la théorie physiocratique se défendait par des
arguments plus puissants que des déductions logiques. A
l'appui de leurs dires les économistes citaient de nombreux exemples. C'était d'abord celui de l'Angleterre.
Depuis plus d'un siècle qu'elle pratique la liberté, aucun
des maux redoutés en France ne s'y est produit. Sa conduite vis à-vis de l'exportation est la meilleure preuve du
bénéfice qu'elle y a trouvé. Permise en 1660, mais seulement quand le prix du blé ne dépasse pas 24 shellings le
quarter, elle doit dès 1663 relever le taux prohibitif à
48 shellings, puis le supprimer complètement. Ses bons
effets s'accentuant et l'agriculture se développant avec la
sortie des grains, on accorde une prime à l'exportation
de 54 sols le setier quand le blé vaut de 27 à 45 livres,
passé ce prix l'exportation est interdite (1).

Le prix des grains n'a fait cependant, en Angleterre, que

***

(1) Nous empruntons ces chiffres à Herbert. Essai sur la police,
page 143, et à un article du Journal Économique de juillet 1754,
p. 78.

diminuer, tant l'accroissement de la production a été grand.
La variation n'y a jamais été plus du double, tandis qu'en
France elle a été quadruple (1). Si notre culture était bien
soutenue, nous ferions tomber tout le commerce des grains
anglais, car nous pouvons en tout temps donner à bien
meilleur marché qu'eux, notre sol étant plus productif et
notre main-d'œuvre plus économique. Les Physiocrates
critiquent cependant le système des primes anglaises qui
fait exporter, alors même que le prix est moins haut à
l'étranger, et qui oblige à mettre des entraves à l'importation de crainte qu'elle ne serve à bénéficier des primes. Il
en résulte dans la législation un manque de fixité nuisible
au commerce. La pleine liberté aurait autant d'avantages
sans occasionner les mêmes frais. On doit néanmoins
vanter le gouvernement anglais, « parce que la liberté y
sautille sur un seul pied et qu'ailleurs elle est cul-de-
jattée (2) ».

Non moins démonstratif était, chez nous, l'exemple tiré
de la culture de la vigne. La liberté du commerce des vins,
constate un auteur (3), a tellement favorisé cette partie de
l'agriculture que, malgré les droits énormes qui pèsent
sur les vins, on a planté des vignes de tous côtés, à tel
point qu'on a dû défendre toute nouvelle plantation. Cette
multiplication est d'autant plus surprenante que l'usage
du café en se généralisant a diminué la consommation et
le prix du vin. La cause doit donc en être attribuée à la
liberté. Les cultivateurs n'ont pas craint d'augmenter les

----

(1) *Vauvilliers*. — Intérêt général de l'État. (Eph. 1770, VI.
p. 175.)

(2) Lettre d'un fermier anglais. (Eph. 1769, X, p. 60.)

(3) Journal Économique, 1755, septembre, p. 93.

vignes aux dépens du labourage, parce que « la défense de transporter les blés en rendant l'abondance onéreuse, il leur a convenu de cultiver la terre de la façon qui leur était la plus utile (1) ». Quelque petit en effet que soit le produit du vin, on préfère du vin dont on peut se défaire librement et qui rend au moins les frais de culture à des grains que l'on est obligé de garder, « et que l'on voit se consommer sous les yeux dans les greniers ».

Les Physiocrates rappellent qu'à la suite des édits de 1763-1764, notre agriculture avait ressenti les avantages d'une liberté pourtant bien restreinte. Ils citent les témoignages venus de tous les points de la France consigner l'essort donné au labourage par ces édits. Ce sont les Parlements qui, montrant au roi les avantages déjà produits, viennent le conjurer de terminer son œuvre en accordant la pleine liberté. « Autrefois, écrit le Parlement de Toulouse (2), le peuple était obligé d'abandonner la culture et de quitter le pays. » La population diminuait et la production donnait un revenu à peine suffisant pour payer l'impôt, et le receveur devait faire de nombreuses poursuites. La liberté a tout changé, augmentant la population, ramenant chacun à son travail, semant l'aisance et la joie partout. « Le débit constant et la plus grande valeur ont rassuré le cultivateur ; il ne craint plus de perdre ses avances ni ses travaux, il travaille de toutes ses forces, ne néglige aucune partie de ses terres, améliore, invente, il tente toutes les ressources, il éprouve tous les moyens. »

(1) Journal Économique, 1755, septembre, p. 93.

(2) Lettre du Parlement de Toulouse au roi pour le remercier de la liberté d'exportation et en demander la conservation. (Eph. 1769, III, p. 182 à 190.)

La suppression de la liberté, conclut-il, serait le coup le
plus funeste pour les sujets de Languedoc.

De son côté, le Parlement de Dauphiné (1), après avoir
constaté les bons effets produits dans son ressort, adresse
au roi « le témoignage de sa reconnaissance respectueuse
pour le bienfait inestimable de la liberté du commerce des
grains ». Ces résultats sont : agriculture ranimée, augmentation du bénéfice des cultivateurs et journaliers, marchés bien garnis, prix avantageux. Le Parlement prie le
roi de terminer son œuvre en enlevant toutes les restrictions à la liberté qui existent encore. Même langage est
tenu par les Parlements de Provence et de Bretagne.

M. de Bérulle (2), premier président du Parlement
de Grenoble, dans une lettre au contrôleur général,
(13 juin 1768) signale comme heureux effets de la liberté :
les prix avantageux, beaucoup de défrichements, et occupation des travailleurs. M. de la Tour (3), premier président du Parlement d'Aix, reconnaît que la Provence qui
autrefois ne pouvait se suffire, peut maintenant exporter.

Le curé de Mandreville-en-Gâtinois (4) signale de nombreux défrichements, la baisse des prix, l'augmentation
de la population, des mariages et des animaux de labour,
toutes choses dues à la liberté.

Dans sa lettre au magistrat de Rouen, le gentilhomme
de Languedoc (5) reconnaît que depuis la liberté on fait

(1) Extrait des registres du Parlement de Dauphiné, du 12 juil. 1768.
(Eph. 1768, XI, pp. 206-209.)
(2) Eph. 1768, VII, pp. 96-98.
(3) *Ibid.*, p. 99 à 105.
(4) *Ibid.* (1770, V, p. 24.)
(5) *Ibid.* (1768, VIII, p. 153 à 155.)

plus travailler, et que les salaires sont plus hauts. Par
contre, le Poitou, le Maine et l'Anjou, pays sans liberté,
ont de bas prix qu'ils ne peuvent payer et sont misérables.

L'auteur des *Éphémérides* (1) étudiant les effets produits en France par les édits de 1763-1764, prétend qu'ils
ont amené, de 1764 à 1770, le défrichement de 360.000 arpents dans vingt-huit provinces. A ce chiffre il faut ajouter ceux de Languedoc, Dauphiné et Montauban, qui ne
sont pas encore connus de lui. Il estime que le surplus de
production donné par ces défrichements et les améliorations sur les terres déjà cultivées, s'élève « au plus bas »
à trois millions de setiers, « à peu près la nourriture de
1.500.000 têtes pendant un an » : à 20 livres le setier, qui
est le prix moyen, cela donne 60 millions de livres. Reve-
nant plus loin sur cette question (2), il prétend avoir reçu
de nombreuses lettres, un peu de tous les côtés, l'avertis-
sant que le tableau des défrichements, établi d'après le
chiffre officiel, est bien au-dessous de la vérité. Quelques-
uns ont été abandonnés, mais beaucoup n'ont pas été
déclarés par crainte d'une surcharge d'impôts. C'était la
réponse à ceux qui prétendaient que les chiffres avaient
été exagérés.

Un laboureur s'exprime ainsi sur les effets de la
liberté (3) : « Depuis la suppression des lois prohibitives,

(1) Eph. 1770, VII, p. 231 à 233.
(2) *Ibid.*, 1770, VIII, p. 41 à 50.
(3) Réflexions d'un simple laboureur sur l'exportation des grains.
(Journ. Écon., 1770, février, p. 61). Dans le même sens. *Dupont.* —
Observations sur les effets de la lib. du comm. des gr. (Eph. 1770, VI,
p. 49 à 52.)

le prix des grains a augmenté de moitié. Il me fallait, il y a quatre ans, 2 raseaux (1) de froment pour avoir une paire de souliers, je la paye aujourd'hui avec l'argent que je retire d'un raseau. Je paye mieux mon maître, les impôts du roi, les gages de mes domestiques. Le collecteur n'emporte plus mes meubles. J'emploie des journaliers, je cultive mieux mon champ. L'agriculture se ranime et les cultivateurs sont prêts à sortir de l'état de pauvreté dans lequel ils étaient plongés depuis longtemps. » Tous ces bons résultats ne peuvent être attribués qu'à la cessation des règlements, et les cultivateurs le voyaient si bien, qu'ils stipulaient dans leur bail que l'augmentation des fermages cesserait avec la liberté (2).

Les partisans des réglementations s'inscrivent en faux contre les constatations de leurs adversaires, prétendant qu'ils exagèrent singulièrement la vérité. Faux le tableau des défrichements qu'ils publient, fausses les nouvelles qu'ils donnent sur l'amélioration du sort des travailleurs. Si le Midi peut se féliciter de la liberté, le Nord n'en peut dire autant. La Normandie, écrit le magistrat de Rouen au gentilhomme de Languedoc (3), est restée stationnaire au point de vue agricole depuis 1764, et les salaires n'y ont nullement augmenté. On invoquait contre la liberté les événements de 1769-1770. La culture s'étant améliorée, il devrait y avoir une récolte plus abondante, par suite des prix plus avantageux. On voit au contraire des prix fort élevés. C'est donc une preuve que l'exportation enlève beaucoup trop de grains. La cherté succédant à l'abroga-

(1) Mesure pesant 40 livres.
(2) *Baudeau.* — Avis aux honnêtes gens. (Eph.1768, X, 120 à 124.)
(3) *Op. cit.* (J. A. C. F., 1768, novembre.)

tion des règlements, voilà l'expérience qui est supérieure à tous les raisonnements.

Pour défendre leur système, les Physiocrates montrent à quelles causes il faut attribuer la cherté dont on se plaint. « Les années peu abondantes qu'on passe semblent donner raison aux adversaires, il faut réagir et convaincre le peuple qui, toujours craintif, voudrait revenir aux anciennes mesures » (1). L'exportation n'est pour rien dans la hausse des prix. Tout le mal est causé par les mauvaises années de 1766, 1767, 1768, 1769 et sur les obstacles qu'on a opposés à la liberté.

Jamais plus on n'avait vu succession de si faibles récoltes. En compensant ensemble la perte en grains, vins, fruits, foins, occasionnée par la mauvaise saison, la récolte de 1766 n'a valu au plus que trois quarts d'année moyenne; celle de 1767, deux tiers; celle de 1768, la plus mauvaise, moitié; celle de 1769, deux tiers; celle de 1770, trois quarts. L'auteur en donnant ces chiffres ajoute que ceux qui ont observé le fait, savent que ces évaluations sont plutôt trop fortes que trop faibles ». C'est donc en réalité la récolte de trois ans un tiers pour cinq ans, par suite perte d'une récolte deux tiers qu'on peut évaluer au moins à cinq milliards (2).

Après la récolte de 1767, l'abbé Baudeau écrit que l'effet des disettes occasionnées par le manque des deux années précédentes se fera ressentir en 1768-1769, annonçant « qu'il y aura encore un reste de cherté absolue et relative, c'est-à-dire que les prix seront un peu au dessus des années communes à venir, que le peuple n'aura pas

(1) Restauration de l'ordre légal. (Eph. 1768, VII, p. 120.)
(2) Effets du dérangement des saisons. (Eph. 1771, I, p. 76 à 80.)

encore, naturellement, des moyens de payer supérieurs ni
même proportionnés au renchérissement » (1). Est-il
étonnant que le mal soit devenu très grand après deux
autres mauvaises années ?

En tout cas, comment peut-on accuser la liberté, puisqu'elle n'a pour ainsi dire pas existé ? Les édits la restrei-
gnaient déjà beaucoup ; mais, dans un grand nombre de
provinces, ils ne furent jamais appliqués. Dès la première
hausse, survenue en 1766, on a rétabli les règlements sur
l'approvisionnement des marchés et les gênes à la circulation (2). On a vu les témoignages favorables fournis par
les pays qui ont sincèrement appliqué la loi.

Les réclamations viennent surtout des provinces restées
sous l'ancien système, et se retournent donc contre lui.
La Normandie est une des premières à réclamer, mais
elle n'a jamais voulu appliquer la liberté, son Parlement
refusant d'enregistrer les édits qui la proclament. Rouen
a conservé sa communauté de marchands qui ont main-
tenu la hausse dans la ville, ainsi que le prouvent les
faits. Un négociant, Surville, qui avait voulu y conduire
des grains pour conjurer la cherté, fut pousuivi par la
communauté, condamné à l'amende et 500 livres de dom-
mages-intérêts. Dupont, qui rapporte le fait (3), relève les
mêmes abus à Dijon, Chartres, Pithiviers, Tours, Saumur.
Mêmes causes à la cherté dans le Lyonnais. Les droits de
passage de Saône au Rhône ont empêché l'importation à
Lyon des blés très abondants en Franche-Comté, et

---

(1) *Baudeau*. — Avis aux honnêtes gens. (Eph. 1768, XI, p. 29 à 31.)

(2) *Ibid.*, (Eph. 1768, X, p. 25 à 29.)

(3) *Dupont*. — Observations sur les effets de la liberté, *op. cit.*
(Eph. 1770, VI, p. 92 à 100.)

la ville doit les faire remonter de Marseille pour s'approvisionner (1).

C'est le défaut de liberté qui, en empêchant le développement du commerce, rend impossible l'importation.
Au moment où on souffre en France des prix exagérés,
l'abbé Baudeau écrit au marquis de Mirabeau qu'il s'est
arrangé pour faire avoir du blé, pris à Dantzig ou Königs-
berg, à 20 livres le setier, ce qui en portera le prix, rendu
à Rouen, à 22 livres 10 sols. « Il y a ici du blé qui se perdra
à faire de mauvaises bières ou mauvaises eaux-de-vie,
plus qu'il n'en faudrait pour nourrir 3 ans le royaume de
France. Les propriétaires ne demandent pas mieux que de
le donner en échange de nos sels, vins, eaux-de-vie,
huiles » (2). Un commerce libre n'aurait-il pas vu tout
seul quel avantage il y avait là pour lui?

Voyons maintenant si l'exportation était, comme on l'en
accusait, cause de la cherté. Dans son discours, M. de
Chavannes prétend que l'exportation a été très faible. Déduction faite de l'importation, elle a à peine atteint annuellement « 500 et tant de mille septiers », ce qui est peu, et
a été « plus que remplacée par l'activité qu'il est notoire
que l'exportation a donné à la culture ». On a voulu
accuser ces chiffres d'être faux ou incomplets, parce que
certains ports ont été longtemps sans contrôle, mais
l'activité des fermiers généraux était là pour répondre;
d'ailleurs il y aurait même doute pour l'importation qui
la balance (3).

(1) *Dupont*.— Observations sur les effets de la lib., *op. cit.*, p. 127.
(2) Lettre de l'abbé Baudeau au marquis de Mirabeau. Eph. 1769,
III, p. 200 à 202.)
(3) Discours de M. de C.... *op. cit.* (Eph. 1769, X, p. 125.)

Dupont fait la même constatation, tout en donnant des chiffres plus précis (1). L'exportation qui a eu lieu de 1764 à octobre 1767 ne se monte qu'à environ deux millions de setiers. C'est, dit-il, le chiffre donné par les registres et qui paraît confirmé par les besoins des nations acheteuses pendant ce temps-là. Dans cette quantité rentrent les grains exportés en 1764, qui avaient été amassés d'avance, formant un superflu qui, sans elle, se serait gâté.

Dans ce même temps, l'importation a été d'un peu plus de 600.000 setiers, ce qui fait une sortie de 1.400.000 setiers. Depuis 1767 l'exportation a été nulle, les ports de Bretagne et de Normandie étant fermés, ceux du Midi n'ayant pas à vendre. D'ailleurs les prix étaient trop élevés pour permettre la sortie. « Ce qui en a eu l'apparence n'était qu'une circulation intérieure. » L'importation, en revanche, a atteint plus de 1.400.000 setiers : de sorte qu'à tout prendre, depuis 1764 l'exportation doit être considérée comme nulle.

Malisset, un homme d'affaires, reconnaît la faiblesse de l'exportation. Il l'explique par la longueur des transports, les inconvénients des rivières, le manque de bateaux, et par les « restrictions insérées pour l'approvisionnement de Paris, lesquels occasionnent des procès et des contestations, et empêchent l'émulation » (2).

De toutes ces preuves, il ressort que la liberté n'a pas amené la hausse des prix. Les Physiocrates montrent

---

(1) *Dupont*. — Observations sur les effets de la lib., *op. cit.* (Eph. 1771, I, pp. 70-72.)

(2) *Malisset*. — Observations sur l'édit de juillet 1764. Bibl. nat. ms. fonds f. n° 14225, cité par Afanassiev, ouv. cité, p. 129.

même qu'elle les a combattus et empêchés de s'élever
autant qu'ils l'auraient pu. Les 3.000.000 de setiers de
grains, produits par les améliorations et les défrichements
facilités par la liberté, ont été une augmentation de
subsistances pour la nation, et un puissant modérateur des
prix. Il faut noter aussi que sans elle la culture aurait
continué à décliner. En permettant l'organisation d'un
commerce libre, n'a-t-elle pas singulièrement facilité l'importation pendant la disette ? « Vouloir supprimer la liberté
aujourd'hui, dit Dupont, serait plus dangereux qu'il ne
l'aurait été de ne la point donner du tout alors qu'elle était
si utile. Ce serait un vol à l'égard des fermiers qui ont vu
augmenter leur bail et leurs impôts. Ruinés, ils devraient
abandonner la culture, faute de pouvoir faire la dépense,
et le résultat serait la misère générale » (1).

Faisant la contre-épreuve, les Physiocrates montrent
qu'avec la prohibition les années 1771, 1772, 1773, quoique
bonnes, ont eu des prix très élevés, et même des disettes
locales. En 1774, quand on reprend la liberté, malgré la
mauvaise récolte de cette année, il y eut une baisse (2).

Les partisans des règlements étaient d'ailleurs peu qua-
lifiés pour s'élever contre la cherté des vivres, à laquelle
leur régime aurait dû cependant les habituer. Sous leur
politique, la disette n'était pas rare, ainsi que le montrent
trois relevés des prix des grains tirés d'un ouvrage de
M. Dupré de Saint-Maur, et pour une période de 135 ans

(1) *Dupont.* — Observations sur les effets de la liberté, *op. cit.*
(Eph. 1770, VI, pp. 128-131). Malgré cela, l'abbé Terray abolit la liberté à la fin de 1770.

(2) *Baudeau.* — Lettres sur la liberté, *op. cit.* (Eph. 1775, I,
p. 25.)

(1610 à 1745) (1). Vingt et une années dans cet espace, c'est-à-dire une sur six, ont eu, quoique moins mauvaises que 1766 et 1767, des prix exorbitants ainsi que le montre le tableau suivant :

En 1626, le setier de 240 vaut 81 livres.

En 1627,	—	—	52 —
En 1631,	—	—	75 —
En 1632,	—	—	66 —
En 1643,	—	—	57 —
En 1644,	—	—	54 —
En 1649,	—	—	75 —
En 1650,	—	—	75 —
En 1651,	—	—	78 —
En 1660,	—	—	63 —
En 1661,	—	—	78 —
En 1662,	—	—	103 —
En 1663,	—	—	60 —
En 1693,	—	—	81 —
En 1694,	—	—	107 —
En 1699,	—	—	53 —
En 1709,	—	—	97 —
En 1710,	—	—	84 —
En 1725,	—	—	60 —
En 1740,	—	—	57 —
En 1744,	—	—	61 —

Le taux moyen de ces 135 années, dit Dupont, a été de

(1) État du prix moyen du setier de blé, de 1610 à 1645. (Eph. 1770. VII, p. 72 à 76.) — *Dupont*. Observ. sur les effets de la liberté, *op. cit.* (Eph. 1770, VI, pp. 39-42). — Disc. de M. de C..., *op. cit.* (Eph. 1769, X. 129-131.) — *Baudeau*, Éclaircissements, demandés à M. N... (Eph. 1775. VII, 94 à 110.)

32 livres, 16 sols, 9 deniers, prix regardé aujourd'hui comme extrême cherté. Pendant 64 années, il a été supérieur au taux actuel. Neuf années seulement ont eu un taux moyen, les autres ont vu des variations considérables, allant de 1 à 12 d'une année à l'autre. Même preuve ressort de l'examen des prix du marché de Rozoi pour le XVIᵉ siècle, 34 fois sur 88, ce qui n'est pas un petit fait isolé, on a eu des prix excessifs atteignant 77, 80, 86, 97 livres le setier.

Une remarque significative, c'est que les plus grandes chertés ont toujours suivi les bas prix. Cela montre que le mal n'est pas dû aux accidents des saisons, mais à l'impossibilité où est le laboureur de pouvoir maintenir sa culture après la mévente successive de plusieurs récoltes. Sans avances, il doit négliger son exploitation, et le moindre accident prend une longue répercussion dans le pays préparé à la disette.

En réclamant contre la liberté parce que le prix du pain est cher dans les villes, dit le Parlement de Dauphiné (1), les partisans des prohibitions oublient que leur système en a produit de bien plus élevées dans les campagnes. « Toute loi est susceptible d'abus, et tout bien d'un mélange de mal, mais l'homme d'État doit s'attacher au plus grand bien général, qui paraît évidemment résulter d'un commerce libre. »

Montrer que la liberté concourt à procurer le plus grand bien général sera donc, pour les Physiocrates, la meilleure défense de leur système. C'est précisément ce que contestaient leurs adversaires. Ceux-ci en effet prétendent que la liberté ne peut profiter qu'aux propriétaires et aux cul-

____

(1) Lettre au roi, *op. cit.* (Eph. 1769, II, p. 143.)

tivateurs. Dans un pays à productions variées comme est le nôtre, un système qui ne profite qu'à une classe de producteurs est injuste. On le comprend seulement dans les pays du Nord à qui leur climat ne permet uniquement que la culture des grains (1).

Vendant plus leurs grains, les agriculteurs auront un plus grand revenu sans voir augmenter leurs dépenses, et alors on aura cet affreux spectacle d'une classe sociale s'enrichissant des dépouilles d'une autre; les uns dans le luxe et l'abondance pendant que les autres manquant du strict nécessaire viendront augmenter le nombre des gueux, des mendiants, et des vagabonds. Si on veut être juste à l'égard des autres classes il faudra faire hausser en même temps que celui des grains le prix de toutes les marchandises, et alors quel avantage aura-t-on retiré du changement? Chacun aura son revenu augmenté. mais il verra hausser sa dépense dans la même proportion. C'est multiplier ainsi les chiffres non l'opulence comme on le reproche de nos jours aux inflationistes. Injuste ou inutile tel était le dilemme dans lequel la liberté se trouvait enserrée.

Pour les ennemis de la liberté, la première proposition seule devait se présenter. La seconde était impossible car la cherté des subsistances devait faire diminuer tous les autres prix. Les Économistes, disent-ils, ne demandent qu'un relèvement des prix afin de mieux tromper le public par cette apparente modération, mais en réalité ils désirent la plus grande cherté possible. N'est-ce pas d'ailleurs la conséquence inévitable de leur théorie économique? La

____

(1) Réflexion d'un ancien militaire au sujet de l'exportation des grains en pays étranger. (J. A. C. F., 1768, septembre, p. 157 à 160.)

terre étant seule productrice et les agriculteurs seuls capa-
bles d'augmenter le revenu national, c'est leur fortune
qu'il importe avant tout de protéger, puisqu'à leur
richesse est liée celle de l'État. Que leur importe le sort
des autres classes? Ils savent bien que la cherté des vivres, après les avoir plongées dans la misère, finira par les
faire disparaître complètement, mais ils ne croient pas
qu'il faille regretter la ruine des « arts stériles » du moment
qu'elle sert à établir la prospérité de l' « art fécond ».

L'ouvrier sera incapable de supporter la cherté des
grains. En même temps que les subsistances, les frais de
l'État augmenteront, et par suite les impôts, « et l'on sait
que c'est la classe la plus pauvre qui les paie presque
tous (1) ». A cette hausse dans la dépense correspondra
une baisse des salaires parce que la misère en augmentant l'offre de travail, en fera diminuer la demande.

Point par point les Physiocrates répondent à ces critiques. On leur a reproché de faire céder devant une classe
les intérêts de toutes les autres, mais ils font remarquer
que l'agriculture seule a plus d'employés que toutes les
manufactures. C'est donc toujours l'avantage de la majorité qu'ils demandent, de cette majorité jusque-là impi-
toyablement sacrifiée. Ils ne veulent d'ailleurs sacrifier
personne, et la législation qu'ils proposent n'a d'autre but
que de placer l'agriculture sur le même pied que les
autres industries. Nous ne demandons pas pour elle de
faveurs spéciales, s'écrient-ils, comme vous le faites pour
les manufactures, nous réclamons simplement le traitement de droit commun, le respect de sa liberté et de sa

____

(1) Réflex. d'un anc. milit., *op. cit.* (J. A. C. F., 1768, septembre,
p. 164.)

propriété, que sembleraient imposer les plus élémentaires principes de justice. Les partisans des règlements s'effrayent parce qu'ils croient que la splendeur agricole ne peut se développer qu'au détriment des manufactures. C'est une erreur de la doctrine mercantile. Pour celle-ci une nation ne peut gagner que quand les autres perdent, et dans l'État une branche ne peut prospérer que par la ruine d'une autre.

Les Physiocrates montreront au contraire que non seulement la prospérité d'une classe ne nuit pas aux autres, mais même qu'elle lui est profitable. Reprenant la thèse de la solidarité sociale énoncée par Boisguilbert, ils soutiendront que l'augmentation du revenu des propriétaires fera hausser les salaires et accroître la production générale, comparant comme lui le corps social au corps humain dont une partie ne saurait être maltraitée sans que tout le royaume s'en ressente. « C'est ainsi, écrit Baudeau, que dans une société bien organisée le profit des uns ne se fait pas aux dépens des autres, mais au contraire à l'avantage de tous les autres (1). »

On les avait accusés de vouloir la cherté ; ils s'en défendent énergiquement, ainsi que nous l'avons montré dans l'exposé général de leur doctrine. On impute aux économistes le désir de renchérissement, écrit l'abbé Baudeau (2), c'est précisément le contraire qu'ils voudraient opérer. Ils ont vu les inconvénients que causent les prix trop bas et trop haut. Le pain à trop bas prix est un mal,

____

(1) *Baudeau*. — Éclaircissements demandés à M. N... (Eph. 1775, VI, p. 182.)

(2) *Baudeau*. — Lettre sur la liberté, *op. cit.* (Eph. 1775, I, p. 55 et note.)

parce que cela dégrade la culture et le peuple tombe dans l'oisiveté, mère de tous les vices; « la subsistance trop aisée fait souvent plus de paresseux qu'une cherté ne fait de misérables », puis c'est la ruine de l'agriculture à brève échéance (1). Trop chère, elle produit à peu près le même résultat, parce que si l'ouvrier ne peut gagner sa vie en travaillant il se détourne de l'ouvrage. Cependant, cette seconde situation est moins dangereuse que la première.

Les Physiocrates font remarquer que les pays où les denrées sont chères sont plus peuplés, et les hommes y sont plus laborieux et plus à l'aise que dans ceux où elles sont à trop bas prix (2). Bas prix ruine le propriétaire, haut prix ruine le travailleur. Ces deux extrémités étant également fâcheuses, c'est vers un prix moyen qu'ils se tournent, et c'est lui qu'ils demandent à la libre concurrence. Celle-ci supprimera les droits, charges, offices, privilèges et toutes les mains pernicieusement interposées entre le producteur et le consommateur, ce qui ne paraît pas vouloir renchérir le prix du pain. Elle évitera les non-valeurs en procurant un débouché au superflu qui se gaspillait d'ordinaire. Avec elle, en un mot, acheteurs et vendeurs verront leurs intérêts respectés et trouveront le vrai prix du grain, son prix naturel, qui sera également avantageux aux deux parties. En disant prix naturel, les économistes ont soin de faire remarquer qu'ils ne parlent pas au sens absolu du mot; ils entendent désigner le prix le plus avantageux que l'on peut obtenir par l'entremise du commerce.

(1) *Herbert.* — Essai sur la police, ouv. cité, p. 278.
(2) Examen de l'examen des principes sur la liberté, *op. cit.* (Eph. 1768, XI, pp. 84-85.)

L'étude du prix naturel est donc le point essentiel de la doctrine des Physiocrates. Tous leurs efforts tendront à sa réalisation, parce que c'est de lui que doivent découler tous les bienfaits qu'ils promettent. Ce prix, disent-ils, est conforme à la justice, ni trop haut ni trop bas, avantageux pour toutes les classes, uniforme malgré la diversité des temps et des lieux.

Dans tout marché deux partis sont en présence, le vendeur qui veut tirer de sa marchandise le plus haut prix possible, l'acheteur à qui un bas prix offre le plus grand intérêt. Chacun d'eux voit d'ailleurs sa faculté commerciale limitée ; le premier devant, sous peine de voir péricliter sa fortune, retirer de son produit au moins ce qu'il lui coûte ; le second ne pouvant payer plus que ses ressources ne lui permettent. En justice stricte le vrai prix doit satisfaire à la fois à ces deux conditions.

Si les coûts de production étaient toujours les mêmes, ce résultat pourrait s'obtenir facilement. Le législateur n'aurait qu'à fixer des prix de vente remplissant les conditions demandées ; mais en fait les qualités d'une même marchandise varient à l'infini, et dans la même qualité les unes exigent plus ou moins de dépenses pour se les procurer. En ce qui concerne le blé par exemple, la production de chaque setier a nécessité une dépense différente. Comment dès lors sur une base aussi variable établir un prix fixe ? Ce que le législateur est incapable de trouver se produira tout seul avec la liberté. Grâce à elle les intérêts de l'acheteur et du vendeur, qui au premier coup d'œil paraissent en opposition, se trouvent conciliés (1).

(1) Encyclopédie économique, article concurrence. (Eph. 1771, IX, 107-108.)

Propriétaire de sa marchandise, le vendeur a le droit d'en disposer comme il lui plaît. Son intérêt est de la vendre à l'acheteur qui lui en offre le plus. Le droit de ce dernier et son intérêt sont de s'adresser au vendeur le moins exigeant. Toute intervention restrictive aura donc pour résultat, ou bien d'obliger le vendeur à céder sa marchandise pour un prix inférieur à celui qu'il était à même d'espérer, ou bien de contraindre l'acheteur à payer plus cher qu'il n'avait droit de s'y attendre. Très souvent même, les deux maux se produisent simultanément. La justice commande donc de laisser toute latitude aux parties dans le choix de leurs conditions d'échange, et ainsi celle qui sera en perte ne devra s'en prendre qu'à elle-même du dommage qu'elle aura subi.

On craint que la liberté ne donne un prix trop élevé. Pour rassurer les consommateurs, les Physiocrates déterminent quel taux il atteindra. Libres de vendre leurs grains au plus offrant, les propriétaires le transporteront là où la demande sera la plus avantageuse. Une province a-t-elle une bonne récolte; les prix y seront bas, mais les commerçants viendront lui acheter pour transporter vers un lieu où le manque fait accorder des hauts prix. Par ces déplacements l'offre diminuera dans la province vendeuse ce qui fera augmenter les prix. Dans la province disetteuse l'offre augmentant par l'importation et la demande diminuant avec les besoins satisfaits, il s'en suivra une baisse corrélative des prix. Il y aura donc de part et d'autre une tendance égalisatrice des prix, le seul écart possible en fin de compte, consistant dans le coût des frais de transport. L'opération étant faite sur tous les marchés des diverses nations, il y aura donc pour toute l'Europe (les Physiocrates ne voyaient sans doute pas de commerce plus étendu) un prix des grains sensiblement égal, qu'on appellera prix du marché général. « Par la liberté, dit un auteur, nous ne voulons qu'une chose, n'acheter jamais plus cher et ne vendre jamais à plus vil prix que les autres pays d'Europe. C'est avoir la plus grande facilité pour vendre le plus chèrement possible quand nous en avons de trop, et pour les acheter le meilleur marché possible quand il nous en manque (1). »

Ce prix n'est nullement ruineux, puisque nous voyons prospérer avec lui la Hollande et l'Angleterre. Comme moyenne d'ailleurs elles payent les vivres moins cher que nous. Pourquoi donc ne retirerions-nous pas les mêmes avantages, d'autant plus que la France étant un pays d'exportation, son intervention augmenterait l'offre, par suite produirait une diminution du prix du marché général qui de 23 à 28 livres où il est actuellement, descendrait à 20 et 24.

Egaux dans la même année entre pays, les prix resteront encore avec la liberté égaux d'une année à l'autre. Le prix du marché général est déterminé par la production annuelle de l'Europe ; or cette quantité change peu. Sur une si grande étendue, les variations atmosphériques sont peu graves ; la mauvaise récolte d'un endroit est neutralisée par l'abondance d'un autre, et la somme totale des subsistances reste sensiblement la même. D'ailleurs, remarque l'abbé Roubaud, « on voit par la comparaison des tables météorologiques avec les registres des prix des grains, que c'est moins les causes physiques que des circonstances morales, qui décident par l'ordinaire du haut

____

(1) Faits qni ont influé sur la cherté des grains, *op. cit.* (Eph. 1768, VII, p. 161.)

prix ou du bon marché. Cette observation certainement vraie est consolante, si l'on peut plutôt se flatter d'éclairer les hommes que de fléchir le ciel » (1). On verra quels avantages présente cette fixité générale des prix.

En égalisant les prix, les Physiocrates montrent que la liberté les diminuera pour le consommateur, en même temps qu'elle les augmentera pour le producteur (2). Leurs adversaires se récrient contre cette affirmation qu'ils prétendent être une grossière contradiction, ainsi que paraît le montrer le plus élémentaire raisonnement. Pour que le cultivateur gagne plus, il faut qu'il vende plus cher; s'il vend plus cher, c'est le consommateur qui fournit ce supplément. Retournez le problème, c'est le consommateur qui gagne et le vendeur qui perd, mais jamais on ne peut les voir gagner tous les deux en même temps.

En dépit des apparences, les Physiocrates montreront que leur raisonnement n'était pas absurde. Dans quelle situation les règlements mettaient-ils le producteur? Obligé les années fructueuses de garder sa récolte, l'abondance était telle qu'il ne pouvait vendre qu'à des prix dérisoires, et encore une partie des grains se gaspillait faute de consommateurs. C'était la ruine complète pour lui. « De mémoire d'homme la récolte n'a été si abondante, écrit un fermier à son propriétaire, vos fermiers ne savent déjà plus où loger leur blé, par conséquent vous devez vous attendre à ne pas toucher un sol de votre récolte cette année » (3). Les hauts prix des années de di-

(1) *Roubaud*. — Histoire des subsistances. (J. A. C. F., janvier, p. 53.)

(2) *Baudeau*. — Lettres sur la liberté du commerce des grains, *op. cit.*, p. 167.

(3) Journal économique, février 1760, p. 72.

sette ne compensaient pas la perte subie. Le cultivateur en profitait peu, la plus grande partie de son grain lui faisant besoin pour sa consommation personnelle. La disette était pourtant plus avantageuse, parce qu'à profit égal, le cultivateur avait moins de travail et plus de facilité de vente, aussi fait-il tout pour empêcher l'abondance et restreint-il son exploitation.

Avec la liberté le producteur gagnera plus, parce qu'augmentant les prix dans les années abondantes où il y a beaucoup à vendre, elle les diminue les années mauvaises où il vend peu ou pas du tout. L'acheteur ne payera pas plus parce que sa consommation étant à peu près la même dans tous les temps, la diminution des années chères compensera l'augmentation des années abondantes.

L'exemple suivant, donné par Dupont (1), montre la justesse de ce raisonnement. Dans une année abondante un arpent de terre produit trois setiers, qui se vendent 9 livres chaque. Dans une année de disette, le même arpent ne produit qu'un setier, qui se vend 33 livres, ce qui porte le revenu total à 60 livres pour les deux années, et la moyenne à 30 livres par an. Supposons un consommateur achetant annuellement un setier, les deux lui coûteront 33 et 9, c'est-à-dire 42 livres, soit 21 livres en moyenne annuelle. Avec la liberté les prix varieront peu et seront par exemple, entre 18 livres en abondance et 24 en disette ; pour deux setiers le consommateur payera toujours 42 livres, soit en moyenne 21 par an ; sa dépense restera la même. Mais le producteur aura

____

(1) *Dupont.*— Observat. sur les effets de la lib., *op. cit.* (Eph. 1770, VI., pp. 115-120.)

un grand bénéfice ; les trois setiers de l'année abondante vendus 18 livres chaque donneront 54 livres, auxquelles on ajoutera les 24 livres du setier de l'année mauvaise, ce qui fait au total 78 livres, soit une moyenne annuelle de 39 livres, au lieu de 30 que donnait la réglementation. Sans qu'il y ait augmentation de dépense pour l'acheteur, le revenu du vendeur se trouvera augmenté de 9 livres chaque année.

Sans que l'acheteur ait à débourser une plus forte somme, la liberté donne du gain au producteur, en diminuant la perte sèche qui existe dans l'écart entre le prix de vente et le prix de revient. Les tableaux suivants (1), très modérés ainsi qu'on peut en juger, permettent de comprendre cette affirmation.

État du prix du blé, l'exportation étant défendue.

Années	Production en setiers par arpent	Prix de vente du setier	Total de production par arpent	Frais par arpent
Abondante	7	9 l.	63 l.	66 l.
Bonne	6	10 l. 15 s.	64 l. 10 s.	66 l.
Médiocre	5	13 l. 5 s.	66 l. 5 s.	66 l.
Faible	4	17 l.	68 l.	66 l.
Mauvaise	3	25 l.	75 l.	66 l.
	25 setiers	75 livres	336 l. 15 s.	330 l.

Le prix de revient du setier est de $\dfrac{330}{25} = 13$ l. 4 sols.

Le prix commun de l'acheteur, comptant sa consommation annuelle à 3 setiers par an, c'est-à-dire 15 setiers pour les cinq ans, est de $\dfrac{75 \times 3}{15} = 15$ livres.

(1) *Dupont.* — De l'exportation et importation des grains. (Mémoire lu à la société royale d'agriculture de Soissons), Paris, 1764, p. 38.

Le prix commun du vendeur est de $\frac{336,15}{25}$ 13 livres, 9 sols 4 deniers.

Le gain du producteur est donc de 13 l. 9 s. 4 d. ; moins 13 l. 4 sols, soit 5 sols 4 deniers par setier.

La différence entre le prix touché par le vendeur et celui payé par l'acheteur, est de 15 livres moins 13 l. 9 s. 4 d., c'est-à-dire 1 livre 10 sols 16 deniers.

État du même arpent avec la liberté.

Années	Production en setiers par arpent	Prix de vente du setier	Total de production par arpent	Frais par arpent
Abondante	7	16 l.	112 l.	66 l.
Bonne	6	17 l.	102 l.	66 l.
Médiocre	5	18 l.	90 l.	66 l.
Faible	4	19 l.	76 l.	66 l.
Mauvaise	3	20 l.	60 l.	66 l.
	25	90 l.	440 l.	330 l.

Le prix de revient moyen du setier est de $\frac{330}{25} = 13$ l. 4 sols.

Le prix commun de l'acheteur, comptant sa consommation annuelle à 3 setiers par an, 15 pour 5 ans, est de $\frac{90 \times 3}{15} = 18$ livres.

Le prix commun du vendeur est de $\frac{440}{25} = 17$ l. 12 s.

Le gain du producteur est ici de 17 livres 12 sols, moins 13 livres 4 sols, c'est-à-dire 4 livres 8 sols par setier.

La différence entre le débours de l'acheteur et la somme reçue par le vendeur est de 18 livres, moins 17 livres 12 sols, c'est-à-dire 8 sols.

Il ressort de ce calcul que sous les règlements, pour un écart de 1 livre 16 sols entre le coût de production et le prix de vente d'un setier de blé, le producteur ne touchait que 5 sols 4 deniers, d'où une perte sèche de 1 livre 10 sols 16 deniers. Sous la liberté au contraire, et dans les mêmes conditions, l'écart étant de 4 livres 16 sols, le producteur gagne 4 livres 8 sols, la perte sèche n'est plus que de 8 sols.

Ces tableaux nous montrent aussi, comme l'avaient déjà dit les Économistes, que les années de disette étaient les plus avantageuses pour le cultivateur sous les réglementations. L'année abondante ne donne en effet pour ses 7 setiers que 63 livres de revenu, alors qu'il y a pour 66 livres de frais, c'est-à-dire que le cultivateur sera en perte de 3 livres. L'année de disette au contraire lui rapporte 75 livres, ce qui, le débours étant toujours de 66 livres, donne 9 livres de gain. On comprend dès lors pourquoi il y avait avantage à avoir une production peu abondante. Aussi le Parlement de Dauphiné peut-il dire : « Les années de disette étaient la seule ressource et offraient l'espérance. Aussi les provoquait-on par l'abandon des terres (1). »

Avec la liberté, nous voyons le bénéfice diminuer avec la récolte : le cultivateur a donc toujours intérêt à maintenir sa production au plus haut chiffre possible. Ajoutons encore que le cultivateur, à qui les règlements ne donnaient que 6 livres 15 sols de gain pour cinq années de culture, c'est-à-dire 27 sols par an,

____

(1) Lettre du Parlement de Dauphiné, *op. cit.* (Eph. 1769, VII, p. 195.)

peut gagner avec la liberté 110 livres, c'est-à-dire 22 livres par an.

Enfin, disaient les Économistes, la liberté augmentera peut-être un peu les prix, mais le bénéfice qu'en retirera le propriétaire sera bien supérieur au surcroît de dépense qu'aura à payer le consommateur. Pour appuyer cette affirmation, c'est toujours à Dupont que nous empruntons nos exemples (1). Il prend les prix d'une période de dix années, sous les règlements et sous la liberté. Pour la première hypothèse, il prend les chiffres officiels de 1662 à 1672. Le consommateur achète 3 setiers par an, c'est-à-dire 6 pour les deux ans.

État du prix sous les règlements.

Années	Prix du setier	Nombre de setiers à vendre	Total des recettes	Nombre de setiers à acheter	Total des dépenses
2 très bon.	14 l.	10	140 l.	6	84 l.
2 bonnes	16 l.	8	128 l.	6	92 l.
2 médiocres	22 l.	6	132 l.	6	132 l.
2 mauvaises	30 l.	4	120 l.	6	180 l.
2 très mauv.	39 l.	2	78 l.	6	240 l.
		30	598 l.	30	726 l.

Cherchons les prix moyens du setier nous verrons qu'ils sont :

Pour le producteur $\dfrac{598}{30} = 19$ l. 18 s. 8 d.

Pour le consommateur $\dfrac{726}{30} = 24$ l. 4. s.

Prenons maintenant la seconde hypothèse.

_____

(1) *Dupont.* — De l'exportation et importation des grains, *op. cit.*

État des prix sous la liberté.

Années	Prix du setier	Nombre de setiers à vendre	Total des recettes	Nombre de setiers à acheter	Total des dépenses
2 très bon.	20	10	200 l.	6	120 l.
2 bonnes	22 l. 10 s.	8	180 l.	6	135 l.
2 médiocres	25 l.	6	150 l.	6	150 l.
2 mauvaises	27 l. 10 s.	4	110 l.	6	165 l.
2 très mauv.	30 l.	2	60 l.	6	180 l.
		30	700 l.	30	750 l.

Nous trouvons comme prix moyen du setier :

Pour le producteur $\frac{700}{30} = 26$ l. 6 s. 8 d.

Pour le consommateur $\frac{750}{30} = 25$ livres.

Comparant ces prix moyens aux précédents, nous voyons
que pour un profit de 3 livres 8 sols au producteur, le
consommateur n'a que 16 sols de perte.

De tout cela il ressort que la liberté est réellement avantageuse au producteur. Nous n'en doutons pas, disent les
adversaires des Economistes, car nous connaissons votre
affection pour la classe agricole. Du moment que vous
proposez des modifications, ce ne peut être que dans leur
intérêt. Mais quel sort la liberté fait-elle au consommateur ?
Tout ce qu'on a prouvé jusque-là, c'est que le gain du
propriétaire sera plus fort que la perte de l'ouvrier, mais
cette perte n'en est pas moins réelle ; il est certain que sa
dépense sera augmentée. On sait qu'il a déjà beaucoup de
peine à vivre. C'est donc pour lui la ruine que présente
le nouveau régime. Les Economistes, dira le magistrat de

Rouen au gentilhomme de Languedoc (1), avaient à choisir entre le propriétaire qui n'expose qu'un gain, mais est toujours sûr de son existence, et l'ouvrier pour qui la question des grains est une question vitale, ils ont opté pour les premiers. C'est donc en se posant comme champions de la justice et défenseurs des malheureux, que ses adversaires combattaient la liberté du commerce des grains. « Si l'on y fait attention, écrit Necker, on verra que la plupart des lois prohibitives qu'on poursuit au nom de la liberté, sont presque toujours la sauvegarde du pauvre contre le riche, et en effet cela doit être. L'homme fort dans la société, c'est le propriétaire ; le faible, c'est l'homme sans propriété (2). »

Tout en reconnaissant très louable le sentiment qui pousse à défendre l'intérêt du travailleur, les Physiocrates ajoutent qu'il n'est d'aucun poids contre la liberté, car ils vont montrer qu'elle favorise le consommateur.

On avait dit que la liberté devait forcément produire une cherté ruineuse pour l'acheteur. Ils protestent contre cette allégation due à une fausse notion de la cherté. C'est à tort que les adversaires de la liberté font hauts prix synonymes de cherté. « Ce n'est pas le prix du blé à la halle, c'est le moyen qu'a le peuple de payer, qui décide s'il est trop cher ou s'il ne l'est pas trop. Or le moyen de payer ne vient au peuple que des salaires qu'il reçoit (3). » Qu'importe donc que le grain se vende plus cher si l'ouvrier gagne davantage. Les nombreux rapports des Parle-

----

(1) *Op. cit.* (J. A. C. F., 1768.)

(2) *Necker*. — Ouv. cité, p. 276.

(3) Lettre du Gentil de Languedoc.. *op. cit.* (Eph. 1768, VIII, p. 147.)

ments montrent que le Midi, malgré l'élévation de ses prix, n'a pas connu la cherté, alors que le Nord en souffre en dépit du bon marché. « Par les règlements on a voulu mettre de niveau le prix des denrées et le salaire, mais pourquoi ne pas laisser, ce qui reviendrait au même, les salaires se mettre de niveau avec le prix des denrées (1)? »

Les Physiocrates disent que par la liberté les salaires augmenteront, et leur hausse sera plus forte que celle de la dépense du travailleur qui tirera de ce fait un bénéfice. Reste à savoir comment ce résultat sera obtenu.

Toute la richesse vient de la terre, et passe dans les mains de la classe productive, dont le revenu forme « la masse et l'unique fonds des salaires à distribuer à toutes les autres classes de la société... Tout ce qui augmente la somme des valeurs produites par la terre augmente donc la somme des salaires à partager (2) ». C'est précisément le résultat que les Physiocrates ont accordé à la liberté du commerce des grains. Il ressort aussi de là, que travailler pour la richesse de la classe productive, doit être le premier souci de quiconque veut améliorer le sort des travailleurs. « L'intérêt du cultivateur joint à celui du propriétaire, dit Le Trosne, est celui de tout le surplus de la nation, qui ne peut avoir part au revenu que par le canal du propriétaire qui en est le distributeur, tout ainsi que les rentiers de Paris touchent leurs rentes par le canal des payeurs, aussi ne trouvent-ils pas mauvais que ceux-ci encaissent de gros fonds. Ceux-ci distribuent l'argent par forme de paye-ments aux rentiers, et le propriétaire distribue le sien par

____

(1) Lettre du Parlement de Dauphiné, *op. cit.* (Eph. 1769, VII, p. 178.) Dans le même sens, voyez *Turgot :* œuvres, I, p. 234.

(2) *Turgot.* — OEuvres, I, pp. 183-184-214.

forme de salaires à tout le peuple, pour prix de son travail (1). »

Le salaire ne peut donc hausser qu'avec la fortune de ceux qui font travailler « car les mains de l'homme ne s'ouvrent qu'autant qu'il trouve du profit dans l'emploi de ses semblables (2) ». La hausse de cette fortune doit forcément entraîner celle des salaires. De ces deux propositions, si la première est assez évidente d'elle-même pour se passer de tout développement, il n'en est pas de même de la seconde. On conçoit très bien que pour donner il faut avoir, mais on peut aussi avoir sans vouloir donner.

Le salaire peut hausser par suite d'une paye plus haute, ou par suite d'un travail plus fourni, résultant de la diminution du chômage (3). La liberté produira ces deux résultats. Les adversaires, prédisant une diminution de demandes et corrélativement une augmentation d'offres de travail, avaient annoncé une diminution des salaires. Les Physiocrates montrent que c'était là une affirmation d'esprits affolés, qui ne prennent pas soin, volontairement ou non, d'approfondir les choses.

La culture étant devenue rémunératrice, on l'améliorera et on augmentera le nombre des défrichements ; il faudra beaucoup plus de manouvriers (c'est ainsi qu'on appelait les ouvriers agricoles), le cultivateur sera obligé de les payer davantage, et comme d'ailleurs il sera plus riche, il le fera sans hésiter. Manouvriers et propriétaires ayant

(1) *Le Trosne.* — Lettre sur les avantages de la concur.... *op. cit.* (J. A. C. F., 1765. juillet.)

(2) Lettre du Parlement de Dauph..., *op. cit.* (Eph. 1769, VII, 156.)

(3) *Turgot.* — OEuvres, I, p. 221.

plus d'argent, augmenteront leur dépense, employant des engrais pour la culture, s'habillant et se logeant mieux, s'offrant tout un luxe que la misère leur interdisait; par suite il y aura supplément de demandes des produits manufacturés, ce qui produira la hausse du salaire des ouvriers industriels. L'expérience, dit le Parlement de Dauphiné, montre que le prix des salaires suit celui des denrées, et c'est indispensable, car si l'ouvrier ne pouvait se nourrir en travaillant, il abandonnerait toute besogne. Pour être juste cette remarque a besoin d'être complétée ainsi que l'a fait Turgot, en disant que les salaires se fixent sur le prix habituel des denrées (1). Nous trouverons là un argument en faveur de la fixité du prix des subsistances.

L'augmentation des salaires, disent les économistes, est hors de proportion avec celle des dépenses que la hausse des grains entraîne pour le consommateur, et toute à son avantage. Le blé étant à 15 livres le setier, le propriétaire ne retire pas ses frais. Il consomme moins, paye moins ses ouvriers, qui n'ont aucun intérêt à avoir le pain à bas prix s'ils ne peuvent l'acheter. Le taux moyen que nous proposons, ajoutent-ils, est très raisonnable. A 24 livres on reste dans les limites que fixaient les édits rectrictifs, et l'ouvrier gagne plus qu'à cette époque (2).

Le blé étant à 12 livres, les journées sont à 7 ou 8 sols. A 24 livres, elles sont de 10 à 12 sols. Dans le premier cas, supposant que l'ouvrier mange par jour 2 livres de pain bis à 9 deniers l'une, sa dépense est de 18 deniers, alors que dans le second le pain étant à 17 deniers la livre,

----

(1) *Turgot.* — OEuvres, t. 1, p. 236.

(2) Observations sur la lettre d'un associé au bureau d'agriculture de Paris. (J. A. C. F., 1768, octobre, p. 1 à 17.)

il dépense 16 deniers de plus, mais gagnera 3 ou 4 sols de supplément, ses autres dépenses restant les mêmes (1). On voit donc que le travailleur a grand avantage à la liberté, puisqu'elle lui permet d'augmenter son bien-être, et quand il se loge, s'habille et se nourrit mieux, la dépense en pain est absolument secondaire dans son budget.

Les bas prix dus aux règlements paraissent meilleurs, parce qu'on n'envisage que l'intérêt immédiat du travailleur, sans s'occuper des faits eux-mêmes, ni des répercussions de ces faits. Mais si on songe que le bon marché concorde trop souvent avec la misère, que les chertés extrêmes ont toujours succédé immédiatement aux trop bas prix, on préférera une équitable moyenne qui respecte les intérêts de tout le monde.

Sans arguments devant la logique de ce raisonnement, les adversaires de la liberté se contentent de nier la hausse des salaires. « Ce n'est point en raison de leur richesse, ni en raison d'un principe d'équité, dit Necker, que les propriétaires fixent le prix de leurs denrées et celui du travail, c'est en raison de la force que les propriétaires de subsistances ont sur les hommes sans propriété (2). » « Les propriétaires, dit-il ailleurs (3), qui sont les distributeurs des subsistances, donnent toujours la loi aux hommes qui ne peuvent être nourris qu'en travaillant, aussi la simple force n'aura jamais pour récompense que le nécessaire, l'industrie un peu plus, le talent davantage. Le sort du peuple en général ne sera point changé, quel

(1) *Ibid.*
(2) *Necker.* — Ouv. cit.. p. 347.
(3) *Ibid.*, p. 144.

que soit le prix constant des grains, parce que les propriétaires régleront toujours en conséquence celui de la main-d'œuvre ».

A l'appui de ces dires, on citait de nombreux faits. Dans tout le Nord, prétendait-on, en dépit de la hausse des prix, les salaires sont restés les mêmes. Nous avons enregistré plusieurs témoignages en ce sens, notamment ceux du magistrat de Rouen écrivant au gentilhomme de Languedoc; il signale les prix stationnaires en Normandie, bien que le blé y ait doublé. De même, Linguet (1) prétend que plus le journalier est pressé par le besoin, moins son travail est fructueux. « Les despotes momentanés, qu'il conjure en pleurant d'accepter ses services, ne rougissent pas de lui tâter le pouls pour voir ce qui lui reste de forces, et les barbares qu'ils sont lui donnent bien moins de quoi prolonger sa vie que retarder sa mort. » Le propriétaire, le bourgeois, ne veut hausser le salaire de crainte que ce surcroît de revenu ne soit que passager. Ils aiment mieux commettre une injustice que s'exposer à la souffrir, et ne cèdent que pour des secours manuels qui n'engagent à rien, et le seul refuge du malheureux, l'hôpital, est lui-même ruiné par la hausse des prix. « Alors que quel que soit le prix de l'avoine, le propriétaire en donne à son cheval pour le conserver, on voit le manouvrier, qui n'appartient à personne, dont la misère est inconnue, envers qui on se croit quitte dès qu'on l'a payé, et dont la perte ne nuit à personne, on le voit mourir dans sa bauge, sans seulement daigner s'en inquiéter (2). »

---

(1) *Linguet.* — Réponses aux docteurs modernes, *op. cit.*, p. 193 à 196.)

(2) *Ibid.*

Moins pessimistes, les Physiocrates défendent la liberté : on la blâme parce qu'on ne la connaît pas. Le Nord se plaint de n'avoir pas vu hausser les salaires, mais il n'a jamais abandonné les règlements. Pourquoi n'aurait-il pas profité des bons effets ressentis dans le Midi s'il avait appliqué la même politique. Linguet n'a-t-il pas donné lui-même l'explication de ce maintien de salaires au même taux ? C'est, dit-il, que le propriétaire craint que la hausse ne soit que passagère. Assurez-lui une hausse continue et fixe et il n'hésitera pas à en faire profiter ceux qui l'entourent. Les Physiocrates sont ainsi amenés à faire la critique de la variabilité des prix, si fréquente ainsi qu'ils l'ont montrée sous le régime réglementaire ; et à voir les avantages que doit produire l'uniformité des prix obtenue par le prix du marché général, résultat de la liberté.

L'économie, dit l'abbé Roubaud (1), porte sur la régularité de la recette et de la dépense ; sans cette régularité il n'y a plus de base, tout marche au hasard. Le propriétaire ne peut établir sa dépense, le cultivateur ne sait quel travail il doit faire exécuter, le salarié ne sait ni ne peut établir sa consommation. C'est partout le désarroi général, nuisible à chaque individu personnellement, nuisible à ses semblables. Il est donc d'une souveraine importance pour toutes les classes de l'État, que la variation dans les prix des subsistances soit réduite au plus petit terme possible. « L'uniformité des prix est en quelque sorte à la prospé-

---

(1) *Roubaud.* — Histoire des subsistances. (J. A. C. F., janvier, p. 50.)

rité d'un empire, ce que l'égalité d'âme est au bonheur de l'homme (1). »

Turgot nous montre les inconvénients de l'extrème variabilité des prix : « Si le peuple était prévoyant et économe, dit-il, le mal serait moins grand, mais dépensant à proportion qu'il a, la cherté est pour lui le plus grand des malheurs, et quand elle vient, il tombe dans le dernier degré de misère ». Quel avantage ne serait-ce pas pour lui si ce haussement des prix qui, dans la disette met le pain hors de sa portée, pouvait être réparti sur les années où il a joui d'une abondance dont il abusait ! Or voilà ce que fera l'égalité des prix, effet nécessaire d'un commerce libre (2). »

Une autre cause du tort fait au consommateur par la variabilité, résulte de ce que la proportion qui s'établit entre le salaire et les subsistances, reste toujours au préjudice de l'homme de journée. Dans l'abondance on donne le prix habituel, mais dans la disette le cultivateur profite de la compétition dans la demande de travail qui est plus grande, parce qu'on a plus de besoin (3).

Un prix des grains habituellement élevé est d'ailleurs un avantage contre la disette. Turgot, pour le montrer, donne l'exemple de deux pays : Dans l'un, le blé se paye 20 livres le setier, et les journées 20 sous. En Limousin, le setier est à 10 livres, et la journée 10 sous. En temps ordinaire, les ouvriers des deux pays ont une situation

(1) *Ibid.*, p. 53.
(2) *Turgot.* — Lettre sur la liberté du commerce des grains. OEuvres, I, p. 235 et 236.
(3) *Ibid.*, p. 237.

également avantageuse, puisque leurs moyens de payer sont proportionnés aux dépenses qu'ils doivent faire. Survient une disette qui porte partout le blé à 30 livres le setier. Les salaires n'augmenteront pas, puisque le pays est dans la misère, mais le journalier qui touche 20 sous pourra mieux faire face au malheur que celui qui n'en reçoit que 10. L'un pourra nourrir s a famille, alors que celle de l'autre mourra de faim, si l'aumône ne vient la secourir (1).

On pourrait être tenté de croire d'après cela que les prix ne sauraient jamais être trop élevés. Tout en reconnaissant que les « désavantages d'un prix trop haut, sont moindres que ceux d'un prix trop bas », Turgot ajoute que le trop haut prix est mauvais. Il se contente du prix du marché général, parce qu'avec lui la plus forte variation ne dépassera jamais les frais de transport. On pourrait d'autant mieux l'adopter maintenant, dit-il (2), que les chertés supportées depuis plusieurs années ont commencé à y habituer le peuple. L'augmentation de salaire déjà commencée se continuera peu à peu, et rétablira l'aisance (3).

Le prix des denrées devenu à peu près uniforme par la liberté du commerce, dit un autre auteur (4), les bénéfices des commerçants prendront un taux qui y sera proportionné. On ne sera plus exposé à « ces secousses violentes et destruc-

----

(1) *Turgot*. — Ouv. cité, I, p. 244.

(2) *Turgot* écrivait en décembre 1770.

(3) *Turgot*. — Ouv. cité, I, p. 241 à 245.

(4) Réflexions sur l'exportation des grains. (J. A. C. F., 1770, mars, p. 169.)

tives, qui tantôt privaient le travailleur de subsistances par le prix excessif du pain, tantôt réduisaient ce prix à presque rien, et rendaient l'ouvrier débauché et paresseux. A l'abri de ces alternatives toujours également dangereuses pour lui et pour l'État, il emploiera son temps avec plus d'activité et de vigilance, il deviendra plus laborieux, et ses mœurs seront plus réglées, il se dédommagera aisément par son assiduité au travail de l'augmentation de sa dépense. » Nous avons vu qu'il aura aussi une augmentation de salaire.

Mais, objectait-on, et les Physiocrates avaient dû en convenir, l'égalisation ne se fera pas tout de suite entre le salaire et le prix du pain. Il y aura entre temps, disaient les adversaires de la liberté, une période de transition douloureuse où les prix étant haussés, les salaires resteront les mêmes ; il y aura des malheureux, un grand vide dans le produit des revenus publics.

Pour parer à ce mal inévitable, mais par lequel il ne fallait pas se laisser arrêter, puisqu'il n'était que transitoire, et devait être remplacé par un si grand bien, les Physiocrates présentaient plusieurs remèdes. L'abolition des douanes, péages, et droits de minage diminuera les frais, et par suite le prix de vente. La suppression des maîtrises de boulangerie, ouvrant la porte à la concurrence, mettra ces industries au rabais. Mais le plus sérieux avantage sera donné par la suppression des moulins banaux. Ils ont le grave inconvénient d'augmenter les frais de mouture, parce qu'on est obligé d'aller à eux quel que soit le prix qu'ils demandent. Le bénéficiaire n'ayant pas à craindre de concurrence travaille mal, trompe sur le poids et la qualité, et ne cherche aucune amélioration, certain tout de même que la clientèle ne lui fera jamais défaut. Ce privilège a empêché l'adoption d'un système de meunerie préconisé par les Physiocrates, et appelé « mouture économique ». Il a cependant le grand avantage de coûter moins, en faisant mieux, tout en donnant un plus fort rendement, et le résumé des expériences qui en ont été faites occupe de nombreux passages des Ephémérides. Ils demandent encore la suppression d'une partie des fêtes, qui sont aussi des jours de dépense et de chômage.

Par ces diverses réformes, on adoucirait les maux de la période transitoire. Si malgré tout il y avait encore de fortes misères, le gouvernement devra intervenir pour les aider par des remises d'impôts et par des secours individuels. Plus équitable que le système des règlements qui profite à tout le monde, même et surtout à ceux qui n'en ont pas besoin, parce que leur consommation est plus grande que celle des pauvres, celui-ci est restreint aux nécessiteux. L'État aura ainsi moins à dépenser, ou pourra avec une égale somme, donner des secours plus efficaces.

Opposés à l'aumône, qui présente quelque chose d'humiliant pour celui qui la reçoit, favorisant sa paresse et le maintenant dans la misère, sans lui donner le courage ni le moyen d'en sortir, les Physiocrates se prononcent en faveur des secours par le travail. L'État occuperait les malheureux sans travail à la construction et entretien des voies de communication, leur permettant ainsi de gagner leur vie, et en tirant son avantage. Une partie des fonds serait toute trouvée en permettant au cultivateur de se racheter de la corvée. Celui-ci y aurait intérêt, car il pourrait désormais mieux employer son temps, et les travaux publics seraient plus vite et mieux exécutés. Des essais en ce sens faits par M. de Fontette dans la généralité de Caen, et Turgot en Limousin, avaient donné les meilleurs résultats.

Tout le monde gagnera donc à la liberté, concluaient les économistes. Le laboureur et le propriétaire auront un plus grand revenu, l'ouvrier un plus fort salaire. Le rentier touchant le même intérêt verra bien sa consommation augmenter un peu, mais cette légère perte sera largement compensée par la consolidation de ses rentes, résultant de l'augmentation de la fortune publique, suite inévitable de la prospérité des sujets.

L'ancien régime ne sut pas, pour son malheur, profiter des vaillantes et généreuses leçons des Physiocrates. Prête à triompher avec Turgot, la liberté du commerce des grains qui forme un des points importants des édits de 1776, causa la chute de cet ami du peuple, ainsi que le nomma Louis XVI; le roi, qui avait d'abord soutenu son ministre, dut, malgré sa bonne volonté, céder aux instances, la plupart intéressées, de son entourage, et accepter Necker et les prohibitions.

Les partisans de l'ancien régime, voulant lutter contre le vent de la liberté qui soufflait en ce moment sur le pays, crurent qu'il suffisait, pour l'arrêter, de revenir aux principes du siècle passé. Mais peuple et roi avaient changé. La volonté populaire, si longue à mettre en branle, s'était remuée, et le seul moyen de la rendre inoffensive était de lui céder. Ce n'est pas en vain qu'une nation opprimée pendant des siècles secoue le joug qui lui pèse et demande à respirer; la royauté devait en faire peu après la triste expérience.

On comprend à la rigueur la résistance contre les

autres réformes, parce que c'était le renversement de
toutes les idées politiques et sociales de l'ancienne monarchie ; mais pourquoi tant d'opposition contre la liberté du
commerce des grains? De toutes les reformes demandées,
c'était la plus utile, la plus désirée, celle qui gênait le
moins le pouvoir, et qui devait lui concilier le mieux la
faveur populaire. C'est que des intérèts privés trop puissants et trop nombreux y étaient contraires. Son avènement aurait tari une source de revenus scandaleux et fort
avantageux pour leurs titulaires. Ceux-ci firent tout pour
avoir gain de cause, mais leur triomphe coûta le trône à
la monarchie, et la vie au roi.

Trop confiants dans l'évidence et la justice de leur cause,
les Physiocrates eurent le tort de juger leurs contemporains d'après eux. Ils négligeaient, à l'encontre de leurs
adversaires, de se faire parmi les courtisans des alliances
puissantes, qui les auraient soutenus dans la lutte. Turgot
lui-même, malgré son grand génie, n'était pas l'homme
que les circonstances demandaient pour mener à bonne
fin une telle entreprise. Dans un milieu dissolu, dissipa-
teur et faux comme était la cour à cette époque, son caractère honnète et loyal et son économie ne pouvaient que
lui faire des ennemis; il ne dissimula pas assez le mépris
et le dégoût que lui inspiraient l'entourage royal, et sa
roideur lui attira bien des haines. Égal de Richelieu et de
Mazarin dans la conception, il n'eût pour l'exécution, ni la
souplesse de l'Italien, ni la hardiesse du grand cardinal.
Colbert, avec qui il présente le plus de ressemblance, était
plus patient et plus tenace, et Colbert servait Louis XIV,
alors que Turgot n'eût pour maître que son arrière-petit-
fils.

Vivant dans un milieu dont il ne partageait ni les plai-

sirs ni les idées, Louis XVI, par son caractère et par ses
mœurs, était naturellement porté vers Turgot. Plein d'a-
mour pour son peuple, et de bonne volonté pour assurer
le bien public, il eut d'abord un grand enthousiasme pour
les réformes du contrôleur général qu'il soutint énergiquement contre ses détracteurs. Mais il était trop faible
pour pouvoir résister longtemps. Les protestations ayant
gagné au sein même de sa famille ses affections les plus
proches, il dut, quoique à regret, sacrifier son ministre.
Turgot partit rappelant au roi que la faiblesse de Charles Ier
avait mis sa tête sur un billot. Il ne croyait pas que sa
sinistre prévision se réaliserait un jour.

Les événements auraient dû cependant servir de leçon.
La guerre des farines avait montré que l'opinion publique
n'était pas un facteur négligeable et sur lequel on pouvait
passer sans inconvénient. Les vexations qui suivirent ne
firent que développer le ferment de révolte déjà existant, et
quand l'opposition se forma, elle n'eut qu'à paraître pour
recueillir tous les suffrages. « Les États Généraux, comme
l'a dit un éminent historien, ne firent que décréter une
révolution déjà faite (1). » Et par une fatalité fréquente
dans l'histoire, le peuple, pour se venger, choisit de tous
les monarques, celui qui depuis saint Louis l'avait le plus
sincèrement aimé.

Pendant les premières journées d'émeute, et plus tard
dans sa prison du Temple, Louis XVI, s'il se rappela les
lettres de l'ancien intendant de Limoges, dut comprendre
l'utilité de discuter devant le tribunal populaire. Il dut
regretter sa faiblesse et, songeant aux paroles de Turgot

______

(1) *Michelet :* Précis de l'histoire de France p. 293.

quittant le ministère, se répéter que celui-là aima vraiment le peuple et le roi. Mais il était trop tard. On allait
demander à la violence ce que les réformes de Turgot
auraient donné insensiblement et sans secousse, épargnant
ainsi à notre pays les pages les plus sanglantes que n'eût
jamais histoire d'un peuple.

Vu : le Doyen,   Vu : le Président,

GLASSON.   A. DESCHAMPS.

Vu et permis d'imprimer

Le Vice-Recteur de l'Académie de Paris

GRÉARD.

TABLE DES MATIÈRES

INTRODUCTION

PREMIÈRE PARTIE. — ÉTUDES PRÉLIMINAIRES

1° Histoire du commerce des grains avant les Physiocrates.

2° Les Prédécesseurs des Physiocrates.

3° Exposé général de la doctrine physiocratique.

DEUXIÈME PARTIE. — LES RÈGLEMENTS

I. — Critique des règlements en général.

II. — Critique des règlements sur le commerce des grains.

Chapitre Iᵉʳ. — *Commerce intérieur.*

Chapitre II. — *Commerce extérieur.*

Chapitre III. — *Défense du système*

TROISIÈME PARTIE. — LA LIBERTÉ

I. — La liberté du commerce intérieur.

II. — Les ennemis de l'exportation.

III. — Les partisans d'une exportation limitée.

IV. — L'entière liberté du commerce des grains.

Le Mans — Association Ouvrière (Mauboussin, Jobidon et C⁰.) 5, rue du Porc-Épic

www.ingramcontent.com/pod-product-compliance
Ingram Content Group UK Ltd.
Pitfield, Milton Keynes, MK11 3LW, UK
UKHW020135130726
13696UKWH00001B/363